本书为山东省社会科学规划"重大理论与现实问题协同编号：18CCXJ18）、山东社会科学院创新工程项目研究成院学术著作出版基金"资助。

经济管理学术文库·经济类

新工业革命与
经济新旧动能转换的路径研究
——兼论山东省新旧动能转换的实现路径

Research on the Path of the New Industrial Revolution and the Conversion of
New and Old Driving Force of the Economy
—And the Path of the Conversion of
New and Old Driving Force in Shandong Province

刘英华／著

经济管理出版社
ECONOMY & MANAGEMENT PUBLISHING HOUSE

图书在版编目（CIP）数据

新工业革命与经济新旧动能转换的路径研究：兼论山东省新旧动能转换的实现路径/
刘英华著．—北京：经济管理出版社，2023.3
ISBN 978-7-5096-8967-7

Ⅰ．①新…　Ⅱ．①刘…　Ⅲ．①产业革命—作用—区域经济发展—研究—山东
Ⅳ．①F427.53 ②F127.52

中国国家版本馆 CIP 数据核字（2023）第 050993 号

组稿编辑：曹　靖
责任编辑：郭　飞
责任印制：黄章平
责任校对：陈　颖

出版发行：经济管理出版社
　　　　　（北京市海淀区北蜂窝 8 号中雅大厦 A 座 11 层　100038）
网　　址：www.E-mp.com.cn
电　　话：（010）51915602
印　　刷：唐山玺诚印务有限公司
经　　销：新华书店
开　　本：720mm×1000mm/16
印　　张：12.25
字　　数：200 千字
版　　次：2023 年 4 月第 1 版　2023 年 4 月第 1 次印刷
书　　号：ISBN 978-7-5096-8967-7
定　　价：88.00 元

前　言

　　我国经济在经历了多年高速增长后，自 2011 年开始，增长速率进入持续下降通道，2014 年中央经济会议明确指出我国经济发展已经进入"经济增速正从高速增长转向中高速增长"的新常态，传统动能乏力，加快新动能培育、推动经济新发展，已经成为改造提升传统动能、促进经济结构转型和实体经济升级的重要途径，寻找经济的新增长点成为我国亟待解决的问题。

　　需要指出的是，此次新旧动能转换，与以往高速增长时期经济动能的形成具有完全不同的经济时代背景。过去几十年的经济增长，在很大程度上来自一个追赶型经济体对发达经济体工业化经验的复制、模仿，在技术引进、技术进步以及产业结构等方面，技术进步、产业发展的方向是明确的，同时我们又具有工业化初期、发展期所需要的低成本要素等，这些综合因素使我们得以在较短时间内实现西方较长时间才完成的工业化，由此获得了一个较长的经济快速发展时期。很多领域已经与发达经济体处于同一水平甚至已经成为某些技术领域的引领者，传统的复制经验的发展之路已经不可行，这是我国经济新旧动能转换面临的经济时代背景。因此，未来如何实现经济新旧动能转换，需要我们开创一条不同于以往的经济发展道路，而这条发展路径同时需要我们构建一种新的理论作为理论依据。

　　与此同时，新一轮科技革命、工业革命正在发生，世界各国意识到这一轮技术变革正在成为未来经济增长的新"引擎"，都在积极迎接这场工业革命，这也为我国通过新一轮技术变革实现经济新旧动能转换提供了历史机遇。目前，关于我国未来经济发展，理论界与实践界的共识之一就是未来发展一定是（技术）创新驱动的。因此，技术经济学相关理论，可以能更好地为我国的新旧动能转换提供一定的理论支持。此外，从经济增长理论来看，决定经济长期增长的主要动力来自供给侧，需求主要是影响短期的经济波动。但是我国过去几十年的高速增长动力来自需求侧，主要是因为我国过去多年的高速增长动力在很大程度上是借助于发达经济体经济发展经验带来的改革（制度）红利、人口红利等，而较少依赖于内生的、自主的由技术进步引致的经济增长。技术—经济范式很好地说明了技术进步引致的经济长期增长的演进路径，适用于我国已经通过借鉴、复制发达国家发展经验实现几乎与发达国家同步的工业化水平，在技术水平上与发达国家处在同一起跑线上甚至在某些前沿技术上已经成为引领者的阶段。此时，用技术—经济范式去研究经济动能转换问题及长期经济增长动能问题，更具有适用性。

基于技术创新的视角，新旧动能转换是由于技术进步，在原有技术下经济增长潜力消耗殆尽，新技术代替旧技术，适应新技术扩散的新模式代替旧模式、新业态代替旧业态、新材料新能源代替旧材料旧能源，实现产业升级。因此，从这个角度来看，经济新旧动能转换实际上也是新技术实现全经济、全领域、全产业扩散的一个过程。进入 21 世纪，大数据、云计算、人工智能等具有通用目的技术性质的技术不断取得突破且在不断融合中相互促进、协同发展，我们正在经历新一轮由新信息通信技术引发的工业革命。我国的新旧动能转换恰好与这一轮新工业革命叠加，从某种意义上来看，这次新工业革命能够顺利推进也将是我国经济顺利实现新旧动能转换的过程。

从演化经济学及系统理论的角度来看，工业革命作为由一系列新技术所引起的生产函数由低级到高级的突破性变化及新部门、新产业结构形成的过程，其发生、发展过程是一系列相互关联的新技术系统扩散至经济领域，从而引起原有产业结构、部门结构发生根本性变革的过程，这个过程也是探索应用新技术、发挥新技术潜力"最佳实践模式"的过程。因此，工业革命过程实际上是一个技术—经济范式变迁的过程，是一个由工业革命引起的主导技术系统、要素投入、生产组织形式、基础设施演进的过程。其中主导技术的创新是工业革命的基本动力，核心投入及要素结构的协同演化是工业革命发展的基本条件，生产方式与生产组织是工业革命进行的微观载体，基础设施是工业革命展开的必要环境支持，制度框架的协同演进是工业革命发生、发展的关键。制度创新的协同演进不仅可能会促使工业革命的发生，还会加快工业革命发展的速度，制度创新在工业革命中将发挥越来越重要的作用。

从世界工业革命历史及经济增长历史可以看到，每一次由技术创新引发的工业革命，同时也是生产函数的一次突破性变化，其经济增长、经济发展动能也随之发生变化，新的经济动能代替旧的经济动能，因此可以说，历次由技术创新引发的工业革命也是一次经济新旧动能转换的成功实践。

与以往研究新旧动能转换的大部分文献不同的是，本书首先将经济新旧动能转换与工业革命紧密结合，不仅从多个要素分析工业革命发生及经济新旧动能转换的机理，而且将这些要素之间的系统性关系也进行了理论分析，此外，还从这些相互联系的要素出发对历次工业革命的发生、发展进行了逻辑梳理，从而进一步验证了所提出的理论分析框架。需要指出的是，从历史角度来看历次工业革命的先行国，其工业革命率先完成的过程不只是一次工业革命，也是一次基于技术变革引致的经济新旧动能转换的过程。因此，本书对历次工业革命的梳理也是对其先行国家经济新旧动能转换的梳理。

通过梳理三次工业革命的发生发展过程，前三次的工业革命历史分别是三次技术—经济范式的变迁过程。第一次工业革命以棉纺织工业为主导产业，带动了相互关联的技术体系——蒸汽机动力技术、冶金材料技术、机械生产技术的协同演进，煤和铁成为核心投入，水路、公路、港口是重要的基础设施，同时还有促进上述几个要素协同发展的关键的制度框架。虽然第二次、第三次工业革命五个要素的具体表现不同，但其历史展现了每一次工业革命都是围绕核心投入、生产组织、基础设施及制度框架协同演进的结果，同时也是代表性国家实现经济新旧动能转换的过程。

基于第3章提出的工业革命、新旧动能转换的理论分析框架，结合目前的技术发展趋势，第四次工业革命将是由信息、通信、人工智能等通用技术引发的一次生产、生活领域的颠覆性变革，其技术发展轨迹的最佳范式是"信息+通信+人工智能"。围绕该技术体系框架，核心投入、要素结构、生产组织形式、基础设施的协同演进将是推进第四次工业革命发生发展、新旧动能转换的重要因素，也将是我国及山东省经济顺利完成新旧动能转换的路径选择。

需要特别说明的是，为了强调技术创新、技术革命与新旧动能转换之间的关系，也鉴于在非学术研究领域很多场合下技术革命、工业革命、产业革命是近乎同义的，本书题目最初为《新技术革命与经济新旧动能转换的路径研究》。但是考虑到学术研究中关于相关术语的差异及本书中关于工业革命的划分的需要，本书题目最终采用了"工业革命"，即《新工业革命与经济新旧动能转换的路径研究——兼论山东省新旧动能转换的实现路径》，正如本书正文提到的，随着技术周期缩短，我们认为技术革命、工业革命的内涵将逐渐融为一体。

目 录

第1章　导论

本章旨在介绍本书的选题背景及研究意义、研究的主要内容、研究框架，以及所采用的主要研究方法，并指出本书的主要创新点及存在的不足。

1.1　选题背景及研究意义

1.1.1　选题背景

1.1.1.1　实现经济新旧动能转换已经成为我国面临的重要经济问题

借助于改革开放等红利，我国经济在经历了几十年的快速增长后，随着过去传统技术、传统生产组织模式、传统业态的经济增长潜力消耗殆尽，近年来我国经济下行压力不断加大。2012年以后，经济增长率一直低于8%并不断下降，传统经济增长动能已经乏力。早在2007年，党的十七大报告中就两次提到转变经济发展方式，第一次是在提到要实现未来经济发展目标时，指出关键要在加快转变经济发展方式、完善社会主义市场经济体制方面取得重大进展；第二次是直接指出加快转变经济发展方式，推动产业结构优化升级是关系国民经济全局紧迫而重大的战略任务。2014年，中央经济会议明确指出我国经济发展已经进入经济增速正从高速增长转向中高速增长的新常态，经济发展动力正从传统增长点转向新的增长点，并强调认识新常态，适应新常态，引领新常态，是当前和今后一个时期我国经济发展的大逻辑。

基于这样的发展逻辑，寻找经济新增长点成为我国亟待解决的问题。无论是经济新常态、供给侧结构性改革还是高质量发展阶段等关于新时期我国经济的论断，从某种角度来说，都是旨在寻求新的经济增长点、新的经济动能。尤其是从2015 年开始，新旧动能转换问题已经逐渐成为各界面临的重要课题。2016 年 12 月的中央经济工作会议明确指出下一年将以推进供给侧结构性改革为主线。2016 年和 2017 年的政府工作报告分别提到要加快新旧发展动能接续转换、依靠创新推动新旧动能转换和结构优化升级。改造提升传统动能、加快新动能培育、推动经济新发展，已经成为促进经济结构转型和实体经济升级的重要途径，也是推进供给侧结构性改革的重要着力点。

2018 年 1 月 3 日，《山东新旧动能转换综合试验区建设总体方案》获国务院正式批复，意味着山东新旧动能转换综合试验区正式设立，这也是中国第一个新旧动能转换综合试验区。山东新旧动能转换综合试验区的设立，对山东顺利实现新旧动能转换来说也是一次重要的机遇。

1.1.1.2 新技术引发的"第四次工业革命"正在兴起并为各个领域带来新的挑战

2013 年 4 月，德国政府在汉诺威工业博览会上推出"工业 4.0"，不仅意味着未来十几年制造业的重新整合将对全球产业产生巨大影响，也意味着第四次工业革命正在悄然到来。2016 年世界经济论坛将"第四次工业革命"作为重要主题，从 2016 年初以"掌控第四次工业革命"为主题的冬季达沃斯论坛，到以"第四次工业革命：转型的力量"为主题的夏季达沃斯论坛，意味着"第四次工业革命"已经成为世界各国的共识及未来世界经济的重要内容。除此之外，进入21 世纪，"第四次工业革命""新工业革命""人工智能""数字经济"等也逐渐进入学术理论界的研究视野，成为现实问题研究的重要主题及热点问题。学术界和政府顶层设计的共同关注，有力地说明了第四次工业革命正在发生。

这场革命将深刻影响每一个国家和每一个行业。此次工业革命不是一个新产品或服务的出现，而是整个经济的系统性变革。引起这一次工业革命的技术不仅包括以大数据、云计算、物联网为代表的信息通信技术，还包括以无人驾驶交通工具、3D 打印、高级机器人和新材料为主的物理方面的技术，新能源技术和生物技术创新也将成为第四次工业革命的重要内容。第四次工业革命的重要特征将是信息世界与物理世界的深度融合，将主要表现为信息通信技术及人工智能技术对各行业、各领域的渗透及相互融合。这种技术的跨界融合将使各种新技术的经济潜力得到充分发挥，从而引起工业、农业、金融、医疗等各领域的颠覆性变革。不同技术创新之间日益呈现深度融合的趋势，技术创新引发的新工业革命将不再局限于引起生产制造领域的变革，而将渗透到商品流通、服务业、商业模式等经济各个领域，包括消费模式、生活模式等社会生活的各个领域，这场革命将对经济、商业、政府、个人带来巨大的影响。不仅如此，在世界范围内，第四次工业革命或许还将带来世界经济格局的改变。因此，这次革命将给个人以及整体的经济、社会、文化和政治的发展带来全新的挑战。

1.1.1.3　新一轮工业革命为我国实现新旧动能转换提供了机遇

此轮新旧动能转换面临着较之前不同的经济时代背景。我国经济几十年的长期高速增长，在很大程度上得益于各种"红利"的叠加：改革开放带来的各种制度红利、适应工业化初期要素需求的大量低成本要素供给——如人口红利、城市化红利、复制发达国家工业化经验的借鉴、模仿红利等。随着城市化快速推进、经济发展进入工业化后期等，推动我国经济能维持长期增长的上述各种传统动力消失或乏力，因此，此次新旧动能转换，不仅仅是短期的经济增长，本质上更是寻找未来长期经济增长即长期潜在经济增长率的动力。这就要求我们审视我国新旧动能转换问题时，从一个更长的历史维度来考虑。从经济周期理论及发展经济学角度来看，经济进入工业化后期，长期潜在经济增长率必须以新一轮技术创新作为引擎。

我国经济新旧动能转换正好与全球新一轮科技革命、工业革命交汇，而工业革命作为由一系列新技术所引起的生产函数由低级到高级的突破性变化及新部门、新产业结构形成的过程，本身就是经济动能转换的一个过程。从经济增长角度来看，在技术日新月异的工业经济时代，新动能也离不开技术进步的引领，2017年《国务院办公厅关于创新管理优化服务培育壮大经济发展新动能加快新旧动能接续转换的意见》中就指出，以技术创新为引领，以新技术新产业新业态新模式为核心，以知识、技术、信息、数据等新生产要素为支撑的经济发展新动能正在形成，形成经济新动能必须以技术创新为引领。

从世界工业革命的发生历史来看，每一次工业革命的发生都会在新技术引发的技术轨道的变迁中产生新的领导者和追随者，从而为后发国家打开了赶超的机会窗口，提供了实现赶超的机会，也使这些国家在赶超中产生了经济增长的新动力来源及新动能。每一次新的工业革命，都是各个国家在价值链各环节的"全面竞争"的挑战，需要技术创新、组织创新、制度创新等多方面进行变革。任何一个国家如果在这个阶段能够以更快的速度进入新的技术体系，就可以有效地培育经济的新增长点，在引领新一轮工业革命的同时也能顺利地实现经济由旧动能向新动能的转换。

第一次工业革命时期，英国通过纺织技术引发的一系列变革成为工业革命发源地，通过这次工业革命，英国实现了经济的起飞；第二次工业革命时期，美国和德国通过率先领导电力、电气、化学等新技术轨道变革并实现这些新兴产业的兴起，成为第二次工业革命的核心国家及世界经济领导者；第三次工业革命时期，日本通过国家制度创新和政策引导，成功参与了半导体、集成电路等新兴技术的技术轨道变迁，同美国一起率先进入以半导体、集成电路等为核心的电子产业，由追随者成功上升为领导者，率先成为当时的新经济体。

如果能够抓住这次新兴技术轨道变迁的机会，尽快在无人驾驶交通工具、高级机器人、新材料、数字技术、新能源技术和生物技术等领域取得突破性进展并成功实现技术的产业化，中国将有望成为像英国、美国、德国、日本那样的新工业革命领导者。如果我们能抓住本轮工业革命提供的技术机遇，遵循新技术—经济范式，使新技术在经济、生活领域快速扩散，不仅可以有效地缩小与发达国家之间的技术差距，率先实现工业革命，更可以在经济增长乏力背景下，通过第四次工业革命中的新技术应用，有效地培育强劲的新经济增长点，实现新旧动能转换。

1.1.1.4 技术—经济范式转换将是新一轮工业革命、新旧动能转换的关键

无论是经济新常态、供给侧结构性改革还是高质量发展阶段的论述，都有一个共识就是未来经济增长动力都将主要由创新驱动，这里的"创新"又往往是由技术进步、技术创新带动的各领域的创新。纵观每一次工业革命，都是一次技术—经济范式转换的过程，技术—经济范式的转换也意味着经济增长点即经济动能的转换，因此，可以说工业革命、经济新旧动能转换的成功来自新的技术—经济范式的建立与扩散。

从历史上看，每一次工业革命都是基本技术创新与相关的增量创新组成的技术系统协同演化的过程，技术系统的演化往往以某一主导产业的发展为主要载体，而制度框架的调整也是必不可少的。第一次工业革命起源于英国，以蒸汽机为代表的动力技术创新及以冶铁技术、纺织技术等技术创新构成了主导技术创新群落，技术系统的演化推动了纺织业及工具机行业的发展，英国从手工工场时代进入机器时代，工厂取代手工工场成为新的生产组织单位。第二次工业革命的主导国家是美国和德国，随着钢铁、电气技术、化学技术等主导技术群落的演进，工厂动力来源实现了从蒸汽机时代向电力时代的跨越，电气、化工等新兴行业在新技术的推动下涌现出来，石油及其相关技术的发展带动了汽车产业的出现，推动新技术、新产业发展的铁路、通信等基础设施逐渐建立，与汽车等新产业相适应的大规模流水线式生产方式及相应的组织管理制度逐渐确立。第三次工业革命由美国和日本主导，在计算机、信息等基础技术的发明与推动下，第二次工业革命时期盛行的生产方式、关键要素等已经不适应新兴技术的发展。因此，推动技术—经济范式的演进，将是新一轮工业革命成功的关键。

为了迎接第四次工业革命，未来中国需要在技术创新、组织创新、制度创新等多方面进行调整，通过率先建立新的技术—经济范式来实现工业革命，进而实现新旧动能转换。

1.1.1.5　以制度创新推动技术—经济范式转换将是第四次工业革命、新旧动能转换的重要内容

新制度经济学的兴起使"制度"这一促进经济增长的关键要素开始为人们所重视。现代经济理论中，无论是诺思对西方世界兴起的探索，还是罗斯托对现代经济——持续的经济增长——的"这一切是怎么开始的"探究，都通过工业革命的历史向人类世界展示了"制度"的力量。

工业革命开启了人类进入"持续的经济增长"的历史，在罗斯托看来，经济能够实现持续增长的答案就是"它把科学和技术系统地、经常地、逐步地应用于商品生产和服务业方面"；而它之所以首先发生在英国，诺斯的答案是当时英国的制度框架"提供了一个适应的环境"。之后的工业革命历史也说明了这一点。尤其是对于后发国家来说，快速弥补技术实力的劣势，唯一的工具就是制度创新，有利于技术进步、技术产业化的制度，为技术创新扩散创造条件的金融制度、教育制度等，通过加快技术进步、扩散速度加快工业革命的发生、推进。面对第四次工业革命的到来，发达国家首先在国家战略层面进行了部署，如较早的德国"工业4.0"、美国"工业互联网"、日本的机器人新战略，我国也相继推出了"互联网+"等战略，到近两年的欧盟"工业5.0"、韩国的《引领6G时代的未来移动通信研发战略》等。未来，正确判断、分析第四次工业革命新技术轨道的转换，顺应技术—经济范式的转换方向，合理制定出符合新技术—经济范式的制度框架，将是迎接第四次工业革命、实现新旧动能转换的关键。

1.1.2　研究意义

1.1.2.1　理论意义

第一，本书从系统的、演进的角度建立一个工业革命与新旧动能转换的理论框架，有利于拓展工业革命和新旧动能转换理论的研究视野。由于工业革命发生因素的复杂性、多样性，目前，国内外学者对于工业革命发生的研究，主要有从单一的技术、生产组织、产业组织等某一特定方面进行分析，缺少对引起工业革命的各个要素相互作用、协同演化的系统性、动态性研究。本书通过对相关研究

的学习，将工业革命看作一个长期动态演进的结构性变迁过程，系统考察技术创新、要素投入、生产组织形式及制度等各要素及其相互作用对工业革命发生机理的作用，拓展工业革命理论的研究视野。同时，探索性将工业革命与新旧动能转换结合起来，为研究新旧动能转换提供了一个比较系统的视角。

第二，拓宽技术—经济范式的研究内容。本书结合制度经济学、演化经济学相关理论研究工业革命和新旧动能转换，一方面系统性、整体性研究工业革命发生和经济新旧动能转换问题，另一方面也对工业革命演化过程中的技术—经济范式演化的共性进行理论的探索与分析。关于技术—经济范式的研究，主要兴起于对经济周期、工业革命的研究，尤其是对于工业革命的研究，甚至可以说技术—经济范式就是研究工业革命过程的一个框架。由于工业革命源于技术革命，而且"革命"性质所在就是包括技术、生产、组织、制度等领域的一系列突破性变革，这些方面也恰恰是一种"技术—经济范式"的内容，这是用技术—经济范式理论研究工业革命的基础和前提。用技术—经济范式框架来研究工业革命，超出了单次工业革命的内容，有利于拓宽技术—经济范式的研究内容和研究领域，促进其作为一种研究工具、研究方法的发展。

此外，新旧动能转换是由于传统生产函数下的传统经济动能乏力，在进入工业社会的现代，要激发新动能、建立新生产函数必然是首先由技术创新引领，而技术创新能成功产生"新动能"，则是要遵循新的技术—经济范式。因此，用技术—经济范式框架来研究新旧动能转换问题，不仅有利于拓宽技术—经济范式的研究内容，同时也能从系统角度看待新旧动能转换问题。

1.1.2.2 现实意义

第一，本书从微观技术、经济范式系统不同层面明确工业革命、经济新旧动能转换的机理，不仅为迎接新一轮工业革命奠定基础，也将为我国及山东省的新旧动能转换提供有力的理论指导。本书从技术—经济范式角度研究工业革命、经济新旧动能转换的机理，从技术、核心投入、生产方式、组织模式等方面进行定性的分析，对其影响要素也进行理论、逻辑的分析，并根据新工业革命特点对新工业革命的未来技术发展轨道及技术在经济领域中的扩散路径进行预测，在一定程度上能够为我国政府部门提供一定的借鉴意义。

第二，本书将结合新一轮工业革命与新旧动能转换的时代背景，构建新工业革命与新旧动能转换的推进机制：在技术层面，主要包括主导核心技术及其技术群落的形成与发展；在经济系统层面，主要包括关键要素、生产组织形式、基础设施等经济环境。通过构建第四次工业革命与新旧动能转换条件下技术—经济范式的推进机制，为我国迎接新一轮工业革命与实现新旧动能转换提供一定的借鉴和指导意义。

1.2 主要内容、研究框架、技术路线及研究方法

1.2.1 主要内容

第1章导论。本章主要阐述本书的选题背景及研究意义，介绍本书研究的主要内容，梳理本书的研究思路和主要结构，指出本书的主要创新点和存在的不足。

第2章文献综述与理论基础。本章对工业革命相关理论研究、技术—经济范式、新旧动能转换的相关研究进行文献梳理，并在此基础上对本书涉及的主要概念进行了界定，对本书中所应用的演化经济学、复杂系统、自组织等相关理论进行了简单的介绍和梳理。

第3章新工业革命实现新旧动能转换的一般理论分析——一个基于技术—经济范式的理论分析框架。本章在用技术—经济范式分析工业革命、新旧动能转换的内在逻辑的前提下，构建了一个工业革命、新旧动能转换的技术—经济范式的理论分析框架，围绕构成技术—经济范式的五个维度，该理论框架包括主导技术群、要素投入、生产组织形式、基础设施四个影响要素，这四个要素必须要嵌入一定的制度环境中，工业革命才能迎来"黄金时代"，新旧动能转换才能顺利完

成，即工业革命、新旧动能转换是技术—经济范式与制度框架的协同演进的结果。理论部分的分析为下文的历史考察奠定了分析的理论逻辑基础。

第4章基于技术—经济范式的工业革命发生机理的历史考察。本章基于前面构建的工业革命、新旧动能转换的机理模型，分别以历次工业革命的核心国家为对象，对三次工业革命中技术—经济范式的演化过程：主导技术群、核心投入、组织管理、基础设施等进行了详细的历史考察；并分别对与技术—经济范式变迁协同演化的相关制度创新进行了历史的梳理，论证了第3章提出的机理模型。

第5章以新一代信息通信技术推动山东省新旧动能转换的实现路径。本章以第3章构建的工业革命、新旧动能转换的机理模型为基础，基于技术—经济范式分别分析正在或将要引起新工业革命、能形成经济新动能的主导技术群、关键要素、生产组织形式等将要变革的内容及工业革命扩散的基础设施条件，提出了第四次工业革命、新旧动能转换条件下技术—经济范式可能的转换方向，对山东省新旧动能转换的实现路径进行了探索。

第6章推进山东省新旧动能转换的制度框架安排。本章主要从制度、政策角度，探讨山东省加快新旧动能转换的政策建议。

第7章研究结论与研究展望。本章对本书的研究结论进行总结、概括，并对今后进一步的研究方向进行梳理和展望。

1.2.2 研究框架

本书按照"机理分析—历史考察—趋势分析"的总体研究思路，在介绍完选题的相关背景及研究内容、研究方法后，首先运用技术—经济范式、演化经济学、制度经济学等相关理论，从理论层面分析了工业革命、新旧动能转换的机理，并尝试建立一个工业革命、新旧动能转换的理论模型，进而通过三次工业革命及新旧动能转换中技术—经济范式及制度的历史演化对理论模型进行历史纵向与现实横向的检验。最后通过对新一轮工业革命与新旧动能转换的技术—经济范式转换的理论分析，从制度创新等实现路径方面进行了相应的探索。

1.2.3 技术路线

本书的技术路线如图1-1所示。

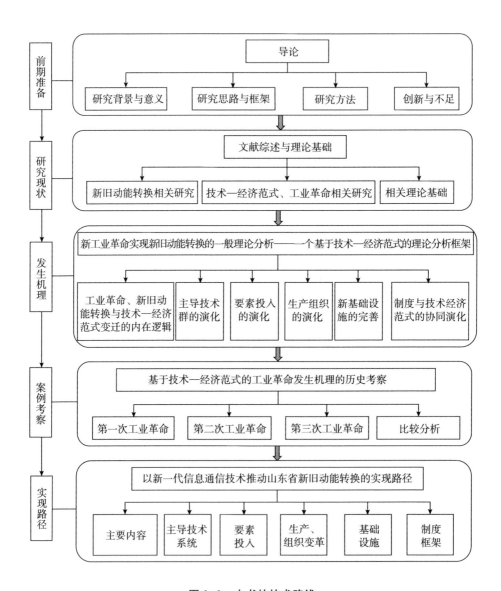

图1-1 本书的技术路线

1.2.4 研究方法

1.2.4.1 理论与逻辑分析

通过理论与逻辑的分析，研究工业革命、新旧动能转换的机理。在工业革命发生、新旧动能转换的机理方面，理论分析与逻辑分析集中在根据技术—经济范式、演化经济学、复杂系统、制度经济学等相关理论，明确工业革命、新旧动能转换发生的内外部因素，构建工业革命、新旧动能转换的理论模型；在对三次工业革命的历史考察中，对三次工业革命、新旧动能转换中的技术—经济范式及制度框架的实际演化过程进行定性分析，明确技术—经济范式与制度创新协同演化中，工业革命发生、新旧动能转换的演进逻辑。

1.2.4.2 比较与演化分析

演化经济学从动态的、演化的角度来研究、理解经济变迁、经济发展过程，而工业革命、新旧动能转换本身就是一个动态的发展过程，不具备用静态的经济理论来分析的条件。构建工业革命、新旧动能转换的机理模型，运用演化经济学的方法，强调在工业革命、新旧动能转换中几个主导影响因素的协同演化。在影响机制方面，借鉴演化经济学所奉行的"累积因果"原则，工业革命、新旧动能转换是一个众多因素"累积"的"因果"过程，使工业革命、新旧动能转换的机理模型更符合工业革命发生的现实。

在实证分析三次工业革命的历史考察时，本书运用了比较分析和演化分析的方法。一方面体现在将三次工业革命中不同国家的制度创新进行对比分析，揭示制度创新对技术—经济范式转换的推动作用，从而论证制度创新对工业革命的作用；另一方面还体现在对每次工业革命技术—经济范式的转换按照历史演进过程进行的分析。新技术—经济范式的建立是一个围绕主导技术群演化的过程，不同的工业革命、新旧动能转换阶段对应不同的特征，不同的技术群落也决定了不同的"范式"，包括制度框架的内容。因此，对该演进过程进行比较分析能保证研究结论的可靠性。

1.2.4.3　系统分析

发生、复杂性和开放系统是社会历史演进过程的核心特征。由技术主导的"经济范式"包含一系列与该主导技术相关联的要素，是一个开放的复杂系统。这个复杂系统内部又由技术、要素、生产组织等子系统构成，制度与该系统又构成一个更大的社会系统。工业革命的发生与发展、新旧动能转换是技术与环境、企业与产业之间、产业与所处环境的各种因素之间、社会经济各系统之间协同演进的过程，因此，本书将工业革命的发生发展、新旧动能转换视为一个开放式的系统，分析组成系统的各个要素的作用机制，揭示工业革命、新旧动能转换的内在机理。

1.2.4.4　历史与案例分析

由于本书的理论框架建立在动态、演化的基础上，涉及众多相互影响的要素，每个要素之间相互影响，难以统一在一个计量模型中，因此，本书采取了历史与案例分析的研究方法。历史的分析分别以历次工业革命的过程为对象，而对历次工业革命发生、新旧动能转换过程的历史考察同时又是一种案例研究方法。这种历史与案例的研究方法，一方面体现了该框架对历史的解释，另一方面通过历史的案例验证了所提出的工业革命、新旧动能转换的机理模型。

1.3　主要创新点与不足

1.3.1　主要创新点

1.3.1.1　研究内容的创新

基于技术—经济范式与制度经济学相关理论，揭示工业革命发生发展、新旧动能转换的内在机理，拓展和丰富关于工业革命、新旧动能转换的相关理论。目前，国内外学者对于工业革命的研究问题，主要有两个角度。一是围绕影响工业革命发生的某一个因素，尤其是技术因素，将工业革命看作是工业革命的结果。二是围绕某一次工业革命进行经济理论分析，尤其是以对第四次工业革命的研究为主，强调如何应对即将发生的第四次工业革命。却鲜有为工业革命系统的发展演化机制提供解释。

本书拟结合技术—经济范式与制度经济学相关理论研究工业革命、新旧动能转换，一方面系统性、整体性研究工业革命发生发展、新旧动能转换的机理问题；另一方面也对工业革命、新旧动能转换这一演化过程进行理论的探索与分析。

1.3.1.2　研究视角的创新

对历史上工业革命的发展、新旧动能转换进行技术—经济范式与制度相结合的实证分析。虽然目前国内外不乏对工业革命、新旧动能转换的历史研究，但是相关研究要么强调技术—经济范式的演化，要么强调制度的作用，鲜有真正将技术范式与制度两者的演化结合进行详细历史考察的研究。本书结合工业革命、新旧动能转换发生的技术—经济范式与制度框架协同演化过程，并验证机理部分的结论，这在一定程度上能补充和完善工业革命的理论体系和实证框架。

1.3.1.3　研究问题的创新

基于技术—经济范式构建新工业革命、新旧动能转换的制度创新框架，对新一轮工业革命、新旧动能转换的推进机制和演化路径进行了探索与分析。第四次工业革命、新旧动能转换研究虽然已经成为研究热点，但由于第四次工业革命、新旧动能转换所涉及的技术范围之广、影响因素之复杂，导致围绕对第四次工业革命、新旧动能转换整体发生的机理及其系统性应对的研究难度加大，鲜有这方面的研究。

1.3.2　存在的不足

第一，将技术—经济范式应用于工业革命、新旧动能转换发生机理研究的深度不够。本书在实际研究过程中尝试性地将技术—经济范式理论、制度经济学理论应用到工业革命发生发展、经济新旧动能转换的内在机理中，建立工业革命发生、经济新旧动能转换的动态演化机理模型，由于影响因素的复杂性及理论知识基础的限制，在对研究框架中每一个要素进行理论剖析时，研究的深度不够。

第二，对基于技术—经济范式的新工业革命发生、新旧动能转换机理的分析及未来发生趋势的判断存在一定的局限性。本书研究所涉及的新工业革命、新旧动能转换是一系列新兴技术、前沿技术的结果，技术发展轨道包含很多的未来不确定性，且相关技术涉及领域广，虽然查阅并学习了大量有关主导技术如大数据、云计算、人工智能等方面的文献资料，但由于专业知识的局限性，对技术的深度了解不够，因此在对新旧动能转换实现路径研究方面存在一定的局限性。

第三，经济动能不仅来自供给侧——生产，同时也来自需求侧——消费、投资等，但由于本书是基于技术—经济范式理论框架的研究，主要是从供给侧生产角度来研究，因此没有过多关于需求方面尤其是中国进入中等偏上收入国家后可能会快速发展的居民消费需求的论述，也没有较多关于需求对经济动能转换的作用的论述，这也是本书的不足之处。

第2章　文献综述与理论基础

本章旨在对经济新旧动能转换、工业革命及技术—经济范式研究中涉及的重要文献进行梳理与归纳，为本书对工业革命发生机理、新旧动能转换机理机制的归纳、实证分析等方面的研究奠定理论基础。其中，文献综述主要涉及新旧动能转换、工业革命、技术—经济范式等方面。

2.1　文献综述

2.1.1　新旧动能转换的相关研究

2014 年中央经济会议提出我国经济已经进入新常态、要加快新动能培育后，新旧动能转换问题开始成为研究热点。因此，围绕我国此次新旧动能转换问题的研究主要始于 2015 年之后。

2.1.1.1　关于新动能的界定、内涵

关于经济新动能，2017 年国务院办公厅发布的《国务院办公厅关于创新管理优化服务培育壮大经济发展新动能加快新旧动能接续转换的意见》中提出以技术创新为引领，以新技术新产业新业态新模式为核心，以知识、技术、信息、数据等新生产要素为支撑的经济发展新动能正在形成，是官方相关政策文件中较为完整的表述。根据此文件，李国祥（2017）将经济发展新动能界定为知识等新生产要素，通过新技术、新产业、新业态、新模式推动经济发展，这一关于经济新动能的界定既包含了经济发展新动能的推动因素——知识等新生产要素，也包含了经济发展新动能动力机制的实现方式及条件——通过新技术、新产业、新业态、新模式，比较科学、完整地对新动能进行了界定。

也有不少学者从未来经济增长来源的角度对新动能进行了界定。如黄少安（2017）将新动能概括为改革开放和体制创新、技术创新、产业的结构转换和产业升级。余东华（2018）也从未来经济增长动能来源的角度，把推动中国经济转型升级的新动能进一步详细概括为：改革开放和体制创新、技术创新、产业的结构转换和产业升级、技术创新导向的民间资本设备投资、以质量提升为导向的农业现代化、深度融合信息化的新型工业化、提升国内居民消费水平、人口质量红利以及新工业革命带来的新产业、新技术、新模式和新经济。姜江（2018）对应于其对新经济的定义，将对新动能的界定聚焦在支撑新的经济形态发展壮大的动力和能量方面，基于此，他认为新动能的内容主要包括四个方面：①技术进步与创新。②需求升级变化。③资源要素约束条件变化。④政策导向、体制机制和制度变迁。而盛朝迅（2020）则从高度概括的角度认为，新动能本质上是一种先进生产力，是基于科学发现、技术创新突破和应用所形成的支撑经济增长的新动力。

此外，裴长洪和倪江飞（2020）主要从需求和供给两方面对新旧动能转换进行了分析，认为新旧动能转换的经济新内涵就是不断培育和发展新需求和新供给结合的新兴市场。

结合相关研究，本书认为，从经济增长动能本质上来讲，新动能就如盛朝迅（2020）所指出的，是一种先进生产力，是支撑经济增长的新动力。结合本次新旧动能转换的实际表现，综合借鉴官方文件及相关学者研究，本书将此次新动能界定为以技术创新为引领，以知识、技术、信息、数据等新生产要素作为推动因素，通过新技术、新产业、新业态、新模式推动经济发展。如果跳出此次新旧动能转换的具体表现，建立一个普适性的新动能概念界定，我们认为就要从新动能本质，即经济增长或经济发展新动力角度，回归到衡量经济增长的根本——生产函数，新动能转换过程就是由一系列新技术所引起的生产函数由低级到高级的变化及新产业传统形成的过程。

2.1.1.2 关于新动能的来源及转换路径问题研究

关于新动能的来源问题，前几年的研究主要从我国经济发展历程出发，分析传统旧动能来源、结合当前中国所处的经济背景寻找未来新动能。如赵昌文等（2015）分别从产业结构、供给、需求角度分析了进入工业化后期中国经济增长的新动能，指出经济增长的新动能将从工业主导向工业和服务业共同主导转变、从传统产业为主向传统产业和新兴产业共同拉动转变、从要素积累驱动向创新驱动转变、从投资出口驱动向消费驱动转变，此外，培育新动力的同时也要求制度、政策环境等方面进行调整。中国人民大学宏观经济分析与预测课题组（2016）的研究认为，随着技术模仿空间逐渐变窄和改革红利逐渐消失，我国经济发展阶段需要从模仿赶超阶段向自主创新阶段转型，并对照旧动能，指出未来新旧动能转换方向主要在技术前沿创新、人口质量红利、技术创新导向的民间资本设备投资、以质量提升为导向的农业现代化和深度工业化、攀升国际价值链的新型开放和提升国内居民消费水平、城市群一体化为代表的深度城市化、结构性改革红利七个方面。刘世锦（2018）则结合对我国经济增长平台与周期的分析认为，在经济进入中速增长期后，未来经济增长动能将主要来自三个方面：一是现有经济效率的提升，二是部分行业如服务业，三是前沿性创新带来的经济增长。基于对新动能是一种先进生产力的本质认识，关于新动能的来源，盛朝迅（2020）认为主要来源于科技创新驱动、要素提升催动、深化改革推动、扩大开放带动和消费需求拉动五个方面，是技术发明、技术扩散和消除资源错配的结合。随着我国高质量发展、双循环发展战略的提出，任保平和苗新宇（2021）将新动能与"十四五"时期经济高质量发展时代背景结合起来进行了研究，并提出了四条培育经济高质量发展新动能的基本路径：培育高质量发展的创新型主体、培育高质量发展的战略性新兴产业、培育高质量发展的名牌产品、构建高质量发展的创新激励机制；傅春和赵晓霞（2021）则研究了双循环发展战略促进新旧动能转换的路径。

部分学者从需求、供给方面研究了新动能来源问题。如胡家勇（2016）分别从需求面和供给面分析了经济增长新动力和源泉，认为供给面经济增长新动力将主要来自创新、产业结构转型升级和人力资本红利；需求面经济增长新动力将主要来自居民消费、新投资热点、以产能和资本输出引领的外需增长，同时，研究中也强调了制度问题，认为所有经济增长新动力的培育，都需要完善的现代市场经济体制作为制度基础。马晓河（2017）从供需两侧分析了中国经济新旧增长动力的转换问题，其研究围绕经济增长方式转变，强调过去经济由需求侧"三驾马车"带动的粗放型增长，应该向侧重供给侧结构性改革的方向转变，除了着眼消费引领，也要加强供给侧的创新。张文和张念明（2017）结合供给侧结构性改革的背景，主要从供给侧按照"五维结构"的逻辑体系，分别从器物层、技术层、产业层、制度层与观念层分析了我国新旧动能转换的路径选择。

也有学者着眼于某个方面或某个角度研究新动能来源问题。如王小广（2015）从经济社会结构升级的角度论述了新旧动能转换，认为要加大新动能培育，必须通过结构改革和结构调整来促进新动能的加快形成。刘凤良和章潇萌（2016）采用增长动力分解方法专门讨论了结构效应对经济增长的影响和贡献，认为结构转型拉动经济增长的能力是有限的，因此，提出强调创新挖掘新动能，在关于新动能定位上，认为应强调新技术对传统行业的改造，但不提倡过度依赖新兴行业的产生。李北伟和毕菲（2018）采用系统动力学方法，从劳动力结构变化的视角系统性地分析了劳动力数量、人力资本质量对于经济增长的影响，研究指出未来经济增长的新动能将来自人力资本的质量提升。焦勇和公雪梅（2019）则研究了制造业的新旧动能转换问题，技术范式是其选用的两个视角之一，并基于技术范式视角指出，制造业新旧动能转换将从传统范式转向信息技术范式，在此新技术范式下，制造业新旧动能转换包括创新驱动演进、协同共生连接、依托信息资源、核心平台引领、企业生态群落、产业多维融合六个方面的内容。李晓华（2019）则选择了推动新旧动能转换的重要力量——数字经济作为研究对象。关于经济新动能或新旧动能转换，李晓华（2019）认为从内在驱动力角度，新动能必须依靠创新、依靠知识和技术驱动。从外在表现来看，新旧动能的转换就是产业结构的转换，认为新动能是高技术、高效益、低能耗、低污染、高质量的战略性新兴产业和前沿技术产业，并指出了数字经济推动新动能形成的三条路径：新技术成为新产业；新技术催生新模式，新模式成为新产业；新技术赋能传统产业。郭吉涛和梁爽（2020）则研究了共享经济与新旧动能转换的联系，从三个维度分析了驱动新旧动能转换的路径——构建核心驱动力、转变发展模式、提升整体质量。并从上述三条驱动路径理论与实证研究了共享经济对新旧动能转换的影响，得出结论：共享经济从科技创新驱动、发展质量、发展模式三个层面对新旧动能转换具有直接推动作用。

2.1.1.3　关于新动能的评估、测算研究

随着研究的深入及相关研究成果的发表，2017 年以后，越来越多的学者对经济新旧动能转换问题进行了实证研究，主要集中于对动能转换的评估、新动能的测算等。

郑江淮等（2018）的实证研究对中国经济增长中新旧动能转换的进展进行了评估，通过构建经济增长的动能指数并对其进行测算，指出中国经济增长的动能在结构上已经转换到要素、企业、居民等微观主体动能上，同时应该顺应资源再配置动能变化趋势和要求，让市场在资源配置中发挥基础性作用。刘戈非和任保平（2020）基于柯布-道格拉斯生产函数，构建了一个与 TFP 变化同源的经济增长动能指数，对我国 31 个省份 2012～2018 年的经济新动能进行了测算，该新动能指数由四个动能指标构成：基于恩格尔效应的内需动能、人力资本偏向性技术进步动能、基于熊彼特效应的创新动能和全球价值链攀升动能。柴士改和李金昌（2020）对我国经济新旧动能转换指数从转换动力、转换成效两方面进行了测算，其构建的新旧动能转换监测指标体系包含：转换动力、转换成效 2 个二级指标；新动能的动力来源、旧动能的动力来源、质量提升、效率提高、结构优化 5 个三级指标；技术进步、技术效率等多个四级指标。该指数对我国新旧动能转换进程进行了动态评价。

2.1.1.4 关于新旧动能转换的其他研究

随着经济新旧动能转换问题成为研究热点，出现了越来越多围绕某个特定地区、某个特定问题新旧动能转换问题的研究。

关于某个地区经济新旧动能转换问题的研究。刘刚和崔鹏（2017）以山东省庆云县崔口镇为案例研究了经济发展新动能与农村继续工业化问题，其研究表明，制约农村继续工业化的关键因素是经济创新系统的缺失，从而提出如果推动农村继续工业化，必须构建以县域经济为单元的创新创业生态系统。姜长云等（2017）研究了宁波市发展新经济、培育产业新动能的经验。梁赛（2017）从全面深化经济结构调整角度论述了黑龙江省培育经济新动能的对策建议。赵丽娜（2017）、黄少安（2017）、孙彦明（2018）研究了山东省的新旧动能转换问题。徐建伟（2018）研究了中部地区产业转型升级和新旧动能转换问题。丁文珺和伍玥（2019）围绕湖北省的新旧动能转换路径进行了研究，但整体缺少一个理论框架。在推进新旧动能转换的对策建议方面，把创新放在了重要位置，认为创新是推进新旧动能转换的动力支撑，并指出要以创新为主要方向，激发新旧动能转换的内生动力。

关于某个特定问题的新旧动能转换研究。张永恒和郝寿义（2017）研究了区域经济增长动力转换问题，该研究虽然是从要素禀赋变化模式角度分析了时空结合层面的区域经济增长的新动力，但是研究最后也特别强调了制度创新在培育新动能方面的促进作用。袁志刚（2017）研究了新旧动能转换中的金融风险处置问题。辜胜阻和曹冬梅（2017）研究了"双创"与新动能培育问题。李平等（2017）通过对全要素生产率增长率的测算与分解，发现无论是部门技术进步效应还是产业结构转换效应，都说明生产性服务业对 GDP 增长的贡献率越来越高，并进一步指出由于具有较高的技术进步水平以及对资本要素和劳动要素较强的集聚能力，生产性服务业完全可能成为新常态下经济可持续和高质量增长新动能。秦昌才（2019）研究了金融在新旧动能转换、新动能培育中的作用。

2.1.2 关于工业革命概念及其划分的相关研究

由于工业革命使人类从农业文明进入到工业文明、进入到经济可持续增长的历史时期，其涉及的范围之广、影响之巨大，使工业革命成为历史、文化、政治等众多领域的研究对象。结合本书所涉及的内容，本章的文献综述，我们只梳理经济领域与工业革命密切相关的内容。

2.1.2.1　工业革命的概念

工业革命（Industry Revolution），在我国有时也被译作产业革命。这个名词起源于法国经济学家热罗姆−阿道夫·布朗基，他于 1837 年写道，产业革命正在席卷英国（伊特韦尔等，1992），1845 年恩格斯在《英国工人阶级的状况》中也使用过该词，但使这个名词得以广为流传的则是阿诺德·汤因比，他在 1884 年发表了《产业革命讲稿》。由于工业革命最早发生于英国、最初的提出也是指英国的工业革命，因此，在相当长的一段时期内甚至在现今的部分研究中（Vries，1994），工业革命一词都是作为一个历史性概念特指发生于 18 世纪下半叶的英国工业革命。随着工业革命向英国之外的欧洲大陆、美国、日本等国的蔓延，工业革命一词开始被赋予比较丰富的理论内涵。产业革命影响巨大，遍及经济、政治、社会、文化等各领域，正如奇波拉（1989）所指出的，工业革命在漫不经心的观察者看来仅仅是经济和技术问题，实际上它是可怕的非常复杂的政治、社会和文化大变动问题。限于研究主题，本书只涉及技术、经济领域。

早期工业革命概念还没有脱离英国工业革命这种历史性概念的影响，常常被用以泛指与英国工业革命相似的时期，因此囿于所观察到的历史事实的局限性，很多研究将工业革命看作生产上的变革。如保尔·芒图（1983）认为，工业革命从技术观点来看，就在于发明和使用那些能够加速生产和经常增加产量的方法，从经济观点来看，工业革命的特点就是资本的集中和大企业的形成。Mokyr（1974）则认为工业革命就是采用资本密集程度较高的新技术来生产与从前相同的（或非常类似的）商品。工业革命引起人们关注是因为自人类发生工业革命以后，可持续的经济增长成为可能，因此，随着研究的深入，对工业革命的认识从具体的生产方式变革扩展到了与工业化和经济增长相联系的时期，工业革命开始被经济学家和历史学家用来概括农业优势让位于工业优势的这一经济发展阶段，或者被用来描述从欠发达经济状态（这是一些过去的殖民地所特有的）向经济独立的过渡。工业革命与经济增长相联系的阶段又经历了从总量研究向结构研究的转变。如 Lucas（2004）使用工业革命一词来表述人均实际收入的持续增长，这是一种总量、总趋势意义上的概念，但正如熊彼特所说的，总趋势掩盖的东西与揭示的同样多，这种界定忽视了处于工业革命核心的产业结构、部门结构的变化，而工业革命的发生，不仅是国内生产总值量的增长，更是新兴产业的出现和新技术的应用，而且这种过于笼统的概括也无法体现革命一词中所隐含的质变的含义。罗斯托（1988）突破了总量的、静态的研究，将经济的"起飞"作为一次工业革命，虽然仍然是从经济增长角度来概括，但是其论述已经超越了之前基于静态、总量视角的研究，是一种动态的、非总量的结构观点，重视部门分析方法，将工业革命与技术创新在部门中的吸收、扩散联系起来，因此，罗斯托认为的工业革命直接关系到生产方法的急剧变化，并在较短的时期内产生了决定性的影响。

随着熊彼特强调创新在商业周期理论研究中的作用，越来越多的学者注意到技术创新对工业革命的重要性，对工业革命的界定开始同技术创新理论、经济周期理论、长波理论相结合。随着长波理论学者对长周期中工业革命扩散的研究，一种综合的、系统的工业革命概念逐渐形成。如英国经济史学家菲利斯·迪恩[①]所认为的，工业革命是包括经济组织变革、技术变革和工业结构变革等在内的一系列互相关联、复杂的经济变革，通过这一系列变革，经济进入了能够持续增长的工业化时期。

我国对于工业革命的界定也经历了同国外类似的转变。早期关于工业革命的研究同工业化联系比较多，如我国当代颇为著名的已故历史学家林举岱（1979）认为，就其狭义来说，产业革命是指资本主义工业化最初的历程。著名发展经济学家张培刚（1991）也认为产业革命是工业化的最初阶段。值得一提的是，张培刚（2002）关于工业化的定义——国民经济中一系列重要的生产函数（或生产要素）组合方式连续发生由低级到高级的突破性变化（或变革）的过程，在本

---

① ［意］卡洛·M. 奇波拉. 欧洲经济史（第四卷）（上册）：工业社会的兴起［M］. 王铁生，王禺，袁广伟，邵钢，译. 北京：商务印书馆，1989.

书看来更适合于对工业革命的解释。随着研究的深入及国外研究成果的传播，国内学者也开始从工业革命所引发的革命性变化角度来界定工业革命，如王章辉和孙娴（1995），在论述工业革命时，虽然仍然认为工业革命是工业化的第一阶段，但已经意识到了工业革命是经济的技术变革和生产组织形式的变化。刘笑盈和齐世荣（1999）也作了类似的概述。

查汝强（1984）是我国较早对产业革命作出全面、系统论述的学者，认为产业革命是生产力的技术方面和社会方面的全面的根本的变革，其产生是工业革命所产生的新技术广泛应用于生产的结果。在查汝强看来，工业革命过程开始于生产工具的变革，这种变革相继引起了劳动性质、劳动力水平、企业组织形式、国民经济部门结构、管理方法等一系列重大变化。该定义从马克思主义经济学的分析框架出发，也融合了熊彼特的创新理论及长波理论的研究成果。随着技术创新经济学及技术—经济范式理论的发展，如王春法（2001）认为在历史上，技术—经济范式的更迭往往以工业革命的形式爆发，从而认为工业革命的本质实际上就是技术—经济范式的变迁。在其他方面，也有学者指出了产业更替的变化，如陈筠泉和殷登祥（2001）认为工业革命是一种新产业传统取代旧产业传统的过程。其中，产业传统内涵不仅包括产业的技术基础和产业结构，还包括组织运行方式及规模等，因此，新产业传统取代旧产业传统，会使经济领域的生产方式、经济结构等产生一次质的飞跃。

从工业革命历史演进的世界范围来看，前三次工业革命从棉纺织业、铁路到钢铁、石油、电力、汽车再到半导体、电子计算机，其历史演进也是一部世界工业化历史，这也是早期关于工业革命的研究同工业化联系在一起的原因。但是随着发达国家进入后工业时代及产业融合的发展，未来新工业革命所引起的工业革命将不再主要体现在制造业领域，而是新技术引起的各生产领域的变革。这种工业革命可能是一个新部门的出现，也可能是现有部门的升级改造，无论是新部门的出现还是现有部门的升级改造，都不是在原有技术基础上的增量改进，而是围绕新技术的要素、生产方式等一系列的突破性变革，这是革命的本质所在。

综合现有研究成果及工业革命的历史呈现，本书认为，工业革命是由一系列新技术所引起的生产函数（包括生产要素组合方式和生产组织形式）由低级到高级的突破性变化及新产业传统形成的过程。这种界定从普适性角度来看，既可以用来解释历史上已经发生的工业革命，也可以解释未来工业革命的实质——一系列新技术扩散引起产业突破性变革的过程；从内容来看，这是一种系统、综合的概念，工业革命不是单纯的工业革命或生产组织的变革，而是从技术、要素、到生产组织、部门结构等的整体性、系统性变革；从本质来看，这种界定强调了工业革命伴随着部门结构、产业结构的变革过程，而不仅仅是总量意义上的经济的持续增长。

2.1.2.2　历次工业革命的划分

截至目前，历史上发生的工业革命都涉及数十年甚至上百年的时间跨度，因此对每次工业革命发生的起止时间难以进行明确的划分，社会史上的各个时代，正如地球史上的各个时代一样，是不能划分出抽象的严格的界限的（马克思和恩格斯，1972）。但是对于历史上已经发生的前两次工业革命的时期的大致的划分，无论是历史学家、经济学家还是未来学家，基本是一致的，表 2-1 列举了不同领域的部分学者对历次工业革命的划分。

表 2-1　国内外不同学者对历次工业革命的时期划分

	第一次工业革命	第二次工业革命	第三次工业革命
麦格劳	1760~1840 年	1840~1950 年	1950 年至今
布鲁兰德，莫利	1760~1850 年	19 世纪末至 20 世纪初	"二战"以后
施瓦布	1760~1840 年	19 世纪末至 20 世纪初	20 世纪 60 年代至 20 世纪末 21 世纪初
罗斯托①	1783~1802 年	1843~1873 年	20 世纪与 21 世纪之交

---

①　由于罗斯托将经济的起飞作为一次产业革命，因此，此处的几次工业革命时间对应的都是罗斯托论述中提到的代表性国家起飞阶段的大致年代，如第一次工业革命为英国起飞阶段的大致年代，第二次工业革命时间整合了美国和德国起飞阶段的大致年代。

续表

	第一次工业革命	第二次工业革命	第三次工业革命
查汝强	18 世纪 30 年代到 19 世纪 30 年代末	19 世纪 70 年代到 "一战" 前	第一阶段：20 世纪 40 年代到 20 世纪 70 年代；第二阶段：20 世纪末或 21 世纪初以后
金碚	18 世纪中叶到 19 世纪三四十年代	19 世纪 70 年代到 20 世纪中叶	20 世纪中叶至今

资料来源：笔者整理。

从表 2-1 可以看出，无论是历史学家、经济学家还是未来学家，对前两次工业革命的划分基本一致，但是对第三次及以后的工业革命的划分区别较大。总体来看，对于第三次工业革命的开始时间大部分比较倾向于 20 世纪中叶，分歧主要在于对终止时间及其界定与划分方面。如弗里曼和卢桑（2007）赞同冯·图泽尔曼和钱德勒的划分：第一次和第二次康德拉季耶夫长波构成了第一次工业革命，第三次和第四次康德拉季耶夫长波构成了第二次工业革命，而第五次康德拉季耶夫长波则开启了第三次工业革命。我国学者查汝强（1984）则将第三次工业革命分为两个阶段，第一阶段以电子领域、计算机领域、核能及合成材料领域的技术创新为标志，电子计算机技术是其中的主要标志，并预测以 20 世纪 70 年代后出现的一些新技术为基础，在 20 世纪末或 21 世纪初会出现第三次工业革命的新阶段，甚至认为也可以将其看作第四次工业革命，这个新阶段是以信息技术的发展为主要标志的。黄群慧和贺俊（2013）则从工业生产所依赖的主导性制造系统的技术经济特征角度对历次工业革命进行了界定和划分，认为最新的一轮工业革命是第三次工业革命。在他们看来，产生这次工业革命的新技术基础是人工智能、数字制造和工业机器人技术，从而引发了以数字制造和智能制造为代表的新主导制造技术系统，即新的制造范式的变迁。里夫金于 2012 年出版的《第三次工业革命》和施瓦布于 2016 年出版的《第四次工业革命》，给本就还没有统一界定清楚的第三次工业革命概念带来了冲击。里夫金（2012）的第三次工业革命是互联网信息技术与可再生能源的出现，而始于 20 世纪末 21 世纪初的施瓦布

（2016）的第四次工业革命则是在数字革命的基础上发展起来的。

造成这种区别的原因主要有：从主观原因来看，不同研究观察视角和划分依据不同。从客观原因来看，技术创新速度加快，新旧技术之间联系紧密，难以区分渐进式创新和激进式创新。另外，新技术产业化周期呈现缩短的趋势，导致虽然工业革命周期呈缩短趋势，但新旧工业革命之间重叠期却呈相对扩大的趋势。

本书认为，对历史上工业革命的划分应当遵循相同的依据，并且能够体现革命一词所蕴含的质变含义。因此，本书将在工业革命概念的指导下，依据主导技术、关键要素及其要素结构、生产组织形式的革命性变化，结合长波理论、技术创新经济学及演化经济学的相关研究成果，将第一次工业革命和第二次工业革命（康德拉季耶夫长波）作为第一次工业革命，将第三次工业革命和第四次工业革命（康德拉季耶夫长波）作为第二次工业革命，将第五次工业革命作为第三次工业革命，而将目前正在或即将到来的第六次工业革命作为第四次工业革命。后两次工业革命的划分之所以没有沿袭演化经济学者将每两次康德拉季耶夫长波合称为一次工业革命的传统，是因为在下文的研究中，我们将会发现这两次长波已经或将要分别引起经济领域的革命性变化，并且能够引发一次工业革命。

2.1.3 工业革命影响因素的相关研究

2.1.3.1 工业革命发生的原因

关于工业革命的发生主要有两类观点：一类观点认为，工业革命可以在没有外部因素作用下自动发生、发展，该类研究从资本积累或技术变迁的角度提出从农业社会向工业社会的变化是一个自然且必然的历史演化过程。在解释欧美早期完成工业化的国家时，这类观点具有较高的说服力，但是对于 20 世纪以后亚洲等地区通过工业化实现赶超的后发经济体，这类观点的解释明显不足。

另一类观点认为，工业革命是在某些外部因素的作用下发生的，而不是自动完成的。如 Stokey（2001）通过建立一个简单的定量模型，以制成品出口支付的大量增加的食品进口数、能源生产技术的显著改进和工业品生产技术的持续改进的变化指代工业革命，表明了贸易增长、技术进步对工业革命变动的重要影响，同时指出制造业的变化大约相当于三倍的能源部门。Allen（2009）通过对工业革命的研究指出，与其他欧洲和亚洲国家相比，在英国，工资高、资本和能源便宜，可能是英国率先发生工业革命的原因。Kuznets（1973）在关于现代经济增长六个主要特征的论述中，指出人口由农业部门向非农业部门迅速转移是工业革命的主要原因，多数历史学家同意中世纪英国及早废除奴隶制是英国后来在工业革命中取得"领先"地位的主要原因之一。荷兰经济史学者范赞登（2016）将新增长理论与经济史联系起来，分析了制度效率、人力资本形成及经济绩效之间的联系。

相对来讲，用知识、人力资本解释工业革命发生原因的研究比较多。Lucas（1988）在研究中虽然考虑了国际贸易的因素，但他建立的三个模型将解释变量放在了与知识、人力资本有关的方面：一个模型强调物质资本积累与技术变革，一个模型强调学校教育的人力资本积累，一个模型强调通过干中学的专业人力资本积累。Mokyr（2001）的研究也强调了有用的知识、知识基础和技术在工业革命发生中的重要作用。范赞登在其 2009 年出版的著作《通往工业革命的漫长道路》中也强调了知识经济引发经济增长的作用。

早期我国关于工业革命的影响因素，主要集中于科技革命及资本主义制度等方面，近年来关于工业革命影响因素的研究更多地从多个维度进行研究，除了技术进步外，还包括国家干预、产业政策及制度方面。

但正如托夫勒（1996）所指出的，任何对工业革命原因的研究尝试都是徒劳的。工业革命这种历史事件不是单一因素所能解释的，也没有超过相互依赖的可变因素之上的其他独立的可变因素。这里只有相互联结的可变因素，其复杂性深不可测。

2.1.3.2　技术创新与工业革命的研究

在经济史研究中，技术创新与工业革命的研究往往表现为技术创新与经济增长、经济发展研究。熊彼特的《经济发展理论》和《商业周期理论》奠定了创新理论在经济发展理论中的重要地位。在早期著作《经济发展理论》中，熊彼特就非常强调生产技术的革新和生产方法的变革在资本主义经济发展中至高无上的作用,熊彼特也因此被认为是开创创新经济学的先驱。对工业革命来讲,由于技术创新是一个动态、非均衡、进化的过程,因此,熊彼特的理论体系具有动态、演化的特点,这为以后的研究提供了一个更为科学、真实的方法论指导。罗斯托(1988)在探讨现代经济的起源后,认为现代经济增长的答案就是科学技术和生产的结合成为普遍、经常的现象,这种现象的结果就是创新是经济增长的动力。

2.1.3.3 制度创新与工业革命的研究

由于工业革命引起人们关注是因为自人类发生工业革命以后,"可持续的经济增长"成为可能,因此,很多关于工业革命的研究是和经济增长相联系的,或者说研究经济增长也是在研究工业革命,如我们前面提到的 Lucas、罗斯托等关于工业革命的论述。基于此,我们往往看到的是制度经济学的研究一般是和经济增长联系在一起的,但仔细研究会进一步发现,其中很多制度创新是直接或间接与工业革命联系在一起的。

传统的经济增长模型往往将制度作为外生变量从而将其排除在模型以外。制度经济学派的代表人物诺斯受哈耶克、布坎南、奥尔森等人的影响,逐渐意识到一个国家的意识形态、政治结构、文化传统对制度变迁具有深刻的影响。他认为,技术进步并非是经济增长的原因,而实际上是经济增长的一种表现,因为技术进步是由制度因素决定的。在《西方世界的兴起》一书中,他对把技术进步、规模经济、教育和资本积累看作经济增长源的观点予以反驳,指出产业革命不是现代经济增长的原因而是其结果。一个社会之所以没有发生经济增长,是因为该社会缺少创新激励,没有从制度方面去保证创新主体理应得到的最低报偿。诺斯进一步揭示了历史上经济增长首先发生在英国与荷兰的原因,英国与荷兰是西方最早进行产权改革的国家,给予其创新活动在制度方面上的鼓励与支持,所以两国迅速崛起,尤其是英国借助于适宜的制度框架率先完成了工业革命并奠定了经济强国的地位。与其形成对比的是,工业革命前的世界强国西班牙和法国则由于制度的僵化,错过了工业革命,失去了工业革命后与英国竞争的资本。诺斯通过对西方世界经济强国的变迁尤其是英国的兴起与西班牙的衰退,证明了制度变迁对经济增长的重要性,也体现了制度创新对工业革命的关键作用。

罗斯托谈到"起飞"除了需要提高生产率、制造业部门快速增长两个条件外，还需要有一种政治、社会和制度结构存在，或迅速出现，这种结构利用了推动现代部门扩张动力和起飞的潜在的外部经济效应（罗斯托，2001），罗斯托也将制度变革放在了影响工业革命的重要位置。在探讨经济的持续增长时，罗斯托也强调了制度的重要性，持续的增长要求围绕着新的技术建立新的充满活力的管理组织，要求新型的工人，要求新型的融资和销售方式（罗斯托，1988）。

　　格申克龙（2009）通过对欧洲经济史的研究也强调了制度的重要性。在格申克龙看来，落后国家将其劣势转化为工业革命动力的条件就是政府的政策，即制度方面，这些政府政策包括政府支出、税收、进入、对外贸易政策等。通过研究，格申克龙概括出了关于工业化的六个简要命题，其中一个便是关于制度在经济中的重要作用，即一个国家的经济越是落后，由旨在增加新生的工业部门的资本供给（此外，还为它们提供更少分权化的及具有更丰富信息量的企业指导）的特殊的制度因素所发挥的作用就越大……就越是宣称这些因素的强制性与综合性，这为后发工业化国家提供了一个通过制度创新实现快速发展的思路。

　　我国著名经济学家厉以宁教授（2010）在研究西欧经济史中的工业化过程中也强调了制度的重要性，其通过对西欧工业化历史的研究发现，在工业化过程中，制度因素始终占据主要地位，这些制度不仅包括技术制度，还包括人力资本制度、分配制度等广泛的经济、社会制度。

2.1.4　技术—经济范式的相关研究

2.1.4.1　技术—经济范式的相关研究

　　近年来，关于技术—经济范式的研究主要围绕两方面进行，一种研究关注影响技术—经济范式变迁的因素、技术—经济范式的特征及经济主体的应对，但对新技术—经济范式的发展并不进行预测。如 Malerba 和 Orsennigo（1997）研究指出创新活动的具体模式可由内含于科技知识性质的技术范式来说明。吴晓波等（2006）通过构建知识管理的动态模型，研究了企业的知识管理如何应对技术范式的转变期。罗仲伟和卢彬彬（2011）从目标市场、组织能力、组织制度和组织边界方面研究了技术范式变革环境下组织的战略适应性问题。另一种研究则注重对新技术—经济范式的预测，如德尔菲法等定性分析法和文献计量等定量分析法，这类研究虽然可以实现对新范式的持续技术创新、技术渐进创新的良好预测，但由于这类研究是在线性思维的前提下进行的，难以说明高度复杂和不确定性环境下的技术经济范式的变迁。随着对经济范式研究的深入，越来越多的学者开始基于非线性思维及系统视角研究技术范式。如何菲和王京安（2016）在深入剖析相关理论的基础上，从演化经济学视角解释技术范式的转换机理，同时得出对后续研究的启示和展望，以期找到技术范式转换预警的有效途径。值得一提的是英国苏塞克斯大学的科学政策研究中心（Science Policy Research Unit，SPRU）作为一个有重要影响的研究科学、创新与政策的研究机构，其相关研究成果中也出现了很多与技术—经济范式有关的内容。著名的创新经济学家多西、弗里曼、佩蕾丝等都在该研究中心工作。

国内有关技术—经济范式的研究主要体现在对某一特定经济时期经济范式的研究或对技术—经济范式中某一方面的研究。如柳卸林（1993）研究指出，我们正处于一个传统技术—经济范式向信息技术范式变迁的历史阶段，芯片是该范式中的核心投入，而整合设计、生产、管理与销售的系统将是信息技术范式的理想生产组织，这样的整合系统能够提供柔性、快速转换的产品和服务，对劳动力也有着更高的要求。在信息技术范式中，先导部门是电子与信息部门。王春法（2001）认为技术—经济范式理论可作为一个比较恰当的分析新经济的理论工具，从技术—经济范式的角度对新经济问题进行了分析，认为新经济实质上就是一种新的技术—经济范式的形成与发展，并从技术创新的角度将技术—经济范式定义为一定社会发展阶段的主导技术结构以及由此决定的经济生产的范围、规模和水平。在王春法看来，技术—经济范式主要包括三方面的内容：第一，由一系列彼此依赖、互相支撑的技术所组成的技术体系或技术系统是其技术基础；第二，这些技术系统组成的主导技术群落决定了经济演进的轨道；第三，主导技术系统会随着技术基础的改变而发生变迁，从而将技术创新看作技术—经济范式发生变化的主要原因。

刘昌年和梅强（2008）用技术—经济范式理论研究了新型工业化问题，认为新型工业化实际是一种新出现的技术—经济范式，并对于新型工业化这种新技术—经济范式的确立进行了理论的分析，从关键生产要素、主导技术群落、经济增长方式、适宜的组织形式四个方面分析了新型工业化范式具有的技术—经济范式的特殊性。周绍东（2012）指出，现有研究开始从技术—经济范式来强调发展战略性新兴产业的宏观意义，但这种探讨的出发点是技术创新，分析的指向却不局限于技术，而是战略性新兴产业相关的整个社会经济体系。

　　其他方面则主要是用技术—经济范式来分析不同的技术创新。如杨发明和吴光汉（1998）把绿色技术看作一种完全不同于现有技术轨迹的新的技术范式，利用技术—经济范式对绿色技术进行分析、研究。许轶旻（2013）研究了信息技术范式的阶段性，提出信息工业革命对经济社会所产生的区域时间的影响差异来源于信息技术范式发展过程中所经历的不同阶段，其对信息技术范式演化的原因进行分析，借鉴技术—经济范式的理论分析方法提炼出信息技术范式模型，采用 Logistic 模型、虚拟变量模型和脉冲响应分析对我国的信息技术范式的阶段性进行实证研究。

2.1.4.2　工业革命、新旧动能与技术—经济范式的结合

　　虽然佩蕾丝提出技术—经济范式的概念是基于对历次工业革命的分析，但是在某种程度上也和工业革命紧密相连，因此，佩蕾丝是较早对工业革命进行技术—经济范式系统研究的学者。之后陆续有学者明确提出了工业革命与技术—经济范式的关系。我国学者王春法（2001）也指出，从某种意义上说，工业革命的形成及其扩散本身就是技术—经济增长范式更迭的直接表现。

　　我国学者关于工业革命与技术—经济范式的研究，主要集中在对"第三次工业革命"的研究中。如黄群慧和贺俊（2013）从技术—经济范式转变的视角研究了第三次工业革命与中国经济发展战略的调整，提出了第三次工业革命所呈现出的新的技术特征：生产系统控制的一体化，制造过程的智能化，制造系统的微型化，全生命周期产品的制造能力。贺俊等（2015）以技术—经济范式为分析框架，分别研究了第三次工业革命的技术结构特征和经济结构特征。其中在研究技术结构特征时，贺俊等将第三次工业革命的技术系统按照层级从低到高划分成三

个层次：以信息、新材料技术和生物技术等通用技术为核心的底层技术或使能技术；以数字制造、人工智能、3D打印、工业机器人等技术为代表的新兴生产制造装备或工具；集成了使能技术和制造技术的大规模生产系统、柔性制造系统和可重构生产系统等现代生产制造系统。相应地，经济结构特征主要表现为：就业结构的转变、制造和创新的社会化趋势、企业竞争行为和产业组织形态的转变。

由于经济新旧动能转换问题的相关研究主要出现于2017年以后，将新旧动能与技术经济范式结合的研究还不多，如焦勇和公雪梅（2019）研究制造业新旧动能转换问题时，技术范式是其选用的两个视角之一，并通过技术范式视角指出，制造业新旧动能转换将从传统范式转向信息技术范式，在此新技术范式下，制造业新旧动能转换包括创新驱动演进、协同共生连接、依托信息资源、核心平台引领、企业生态群落、产业多维融合六个方面的内容。从技术范式视角来看，由于仅是两个研究视角中的一个，因此没有具体、完整地对新的技术经济范式进行说明或解释，缺少一个理论框架。

2.1.5 相关研究述评

总体来看，目前针对新旧动能转换、工业革命、技术—经济范式等内容，国内外学者进行了积极探究，并涌现出一批有益的成果，但也存在一些问题。

在新旧动能研究方面。目前很多关于经济动能转换的理论研究，大多是从较为宏观的角度沿着转变经济增长方式、供给侧结构性改革等，强调从供给侧进行产业升级、结构优化、质量提升等，但是缺乏一个较为完整、系统的理论框架。与此同时，关于新动能来源，虽然研究角度不尽相同，但综观各种研究结论发现，实现新旧动能转换，必须要依靠创新、技术驱动，这基本已成为共识。虽然如此，但是技术、创新与新旧动能转换之间的理论逻辑联系，还没有较为完整、系统的论述。这也是本书基于技术经济范式研究新旧动能转换的根本原因。目前动能转换和新一轮技术革命交汇，也使我们可以借技术革命从发展经济学的角度长期实现经济动能的转换，找到新动能的真正源泉，多领域协同，争取经济的长期发展。关于经济动能转换的实证研究，从系统理论角度来看，基于技术进步的新动能是一个各因素协同作用的过程，且相互之间是有机联系的，单个或几个指数很难反映各因素之间的协同创新、协同演进作用。如果创新指数高，但是并不与产业发展同步，那么即使指数高也未必能转化为实际的经济新动力。因此，关于新旧动能转换，我们迫切需要建立一个系统的理论分析框架，基于此，才能建立更为科学、准确的评价、测算指标。

在工业革命研究方面，目前研究主要集中于对特定工业革命的研究，缺乏对工业革命发生的一般性的、系统的考察，从而缺少一个研究工业革命发生的一般性理论框架。在理论分析方面，很多研究往往将工业革命与经济增长联系起来，运用一定的数理、计量模型对工业革命、经济增长进行分析。但是，工业革命不仅是一个"量"的变化，更是一个技术结构、要素结构、产业结构等"结构"性的变化，其发生、发展是一个多元因素在相互作用中动态演进的历史过程。因此，对工业革命的研究应该建立在历史、动态演化、系统的基础上。

在技术—经济范式研究方面，技术—经济范式理论提供了一个研究技术演化的系统性、动态性分析框架。但目前研究主要集中于用技术—经济范式来研究某一特定技术或特定工业革命的演化，而用技术—经济范式理论来对宏观技术创新、变革、经济动能转换的研究较少。在制度创新研究方面，随着制度经济学的兴起，与制度创新有关的研究涉及各个领域，但主要集中在制度对经济增长中某一方面尤其是技术进步的研究，制度对工业革命、新旧动能转换整体、系统影响的研究相对较少。

2.2　相关理论基础

2.2.1　演化经济学

经济事物发展的复杂性及动态性使我们在研究很多经济问题时已经不能仅限

于线性或静态的思维或方法，尤其是不确定性及新事物的不断出现，要求我们在更多研究中应该采取动态的、演化的视角去分析经济现象、经济问题，演化经济学无疑在这方面为我们提供了比较好的思维与方法。

现代演化经济学兴起于 20 世纪 80 年代，1982 年纳尔逊和温特的《经济变迁的演化理论》开启了现代演化经济学的新发展。在纳尔逊和温特看来，演化较广的含义包括对长期和渐进的变化过程的关注，这也是演化经济学不同于传统经济理论的研究视角。纳尔逊和温特毫不客气地指出，传统经济增长理论由于依赖最大化和均衡这两个概念，必定会导致两种局限性，把研究与开发过程、产业结构、制度环境等大大简化和定型化；所用的简化假设遮掩了熊彼特式竞争的主要方面——企业特点和经验的多样性，以及这一多样性与行业结构的累积的相互作用。继纳尔逊和温特之后，20 世纪八九十年代相继出现了很多关于演化经济学的研究学者及其研究成果。

演化经济学的发展与强调制度重要性的主张是分不开的，其分析主要强调以下四点：第一，制度在经济生活中的作用是非常重要的，制度规定、引导了人们的行为，制度构成了人们相互关系和经济行为选择的基本依据。第二，由于人类社会的复杂性，经济系统只是一个大的社会复杂系统中的一个有机组成部分，制度规定了人们的行为选择，其中也包括经济行为选择，因此，研究经济系统是不能与制度框架这一有机系统割裂的。第三，经济事物、经济问题都是发展变化的，过去与未来存在着不同程度的因果关系，因此，对历史的研究必须纳入对经济问题的研究。第四，由于系统的复杂性及系统内部、系统之间的有机联系，任何系统都是动态变化的而不是绝对静止或一成不变的，对制度这一系统来讲，就强调制度的变迁及多样性，当经济目标发生变化乃至经济目标未变但是经济主体有所变化时，制度安排都要据此调整、变化。

英国学者霍奇逊总结了三个划分"演化经济学"的标准：第一，本体论标准——新事象。指是否对该假定经济的演化过程包含着持续的或周期性出现的新事象和创造性，并由此产生和维持制度、规则、商品和技术的多样性给予充分的强调，演化经济学是着重于新事象的经济演化。第二，方法论标准——是否还原论（Reductionism）。还原论认为一个复杂现象的方方面面都必须在一个水平（或一个单位）上得到解释，而反还原论一般则强调，对更高水平的突现的特性的分析，不能还原到基本的元素的层面上。演化经济学是反还原论的。第三，隐喻标准——生物学。指是否广泛使用生物学隐喻（霍奇逊，2007）。显然，生物学隐喻广泛应用于演化理论。

在霍奇逊看来，接纳新事象、反还原论的就是 NEAR（Novelty Embracing, Anti-Reductionism）演化经济学，而第三个标准则属于"软"标准，原因是对具有本质意义的隐喻的使用常常是不自觉的或隐蔽的。从安德梅特卡夫、纳尔逊等的观点来看，在演化的社会经济系统中，新事象和创造性也是多样性的主要来源。演化经济学所奉行的累积因果使其具有广阔的分析领域，其发展也形成了不同的学派分支：老制度学派、新熊彼特学派、奥地利学派等，但演化经济学家在反还原论、反类型论、突出新奇以及强调不可逆、路径依赖、动态性和时空特定性等问题上均持有相同看法（杨虎涛，2011）。借鉴达尔文主义，关于社会经济演化的完整分析框架，演化经济学由三种机制构成：遗传、变异和选择。因此，演化经济学的经济政策一般遵循以下原理：①历史重要与最小限度打乱原理，认为个体及其所处的环境都是上一个历史发展阶段的产物。②创造力原理。③不确定性与意外原理。④复杂与质量型的经济政策主张。⑤系统政策观。⑥试验与政策学习原理。

2.2.2 复杂系统理论与自组织理论

系统理论从整体、有机联系的观点看待事物的发生、发展，以系统观认识、研究经济问题已成为越来越多研究的出发点。无论是静态的系统还是动态的系统，系统都具有整体性、结构性、关联性等基本特征。

整体性是系统最基本的特征，系统的整体性强调由若干要素组成的系统是一个具有一定新功能的有机整体，系统的整体性是通过相互联系的要素形成整体结构发挥出来的。组成系统的单个要素一旦组织成为一个系统就具有独立要素所不具有的性质和功能，形成了新的、系统的、质的规定性，从而整体的性质和功能不等于各个要素的性质和功能的简单加和，魏宏森和曾国屏（1994）将此称为系统的整体性原理。一般系统论的创始人贝塔朗菲认为，一般系统论就是对"整体"和"整体性"的科学探索。系统的整体性问题是一个极为重要的问题。看不到系统的整体性，就无法理解系统内的不同组成部分之间的联系与相互作用，也就不能理解系统的"自组织"和演化。

对于一个复杂的系统来说，系统还具有多层级的特点。例如一个由多个子系统组成的系统，在更大的层级范围内，它可能同时是另一个更大系统的子系统。而系统之所以称为"系统"，是由于系统内各个要素之间相互依存、有机联系的相互关系，使系统呈现出与单个要素简单相加不同的特性，而要素之间相互依存、相互联系的有机关系则是系统演进的根本动力来源。尤其是当外部环境发生变化时，系统的某个或几个要素可能会率先做出反应，继而通过要素之间的有机关系牵一发而动全身带动其他要素的反应，系统内部的这些正负反馈机制最终使系统无须借助外力便可以实现外部环境干扰下的重新平衡，这既是系统的自适应性的过程，也是系统的自组织过程。

在贝塔朗菲看来，系统是自调节的，因为，对于一个具有整体性的、有机联系的系统，一个系统的平衡状态即使受到外界因素干扰也会因为系统内部要素之间的有机联系而回到新的平衡状态。但是，如果系统的有机联系消失了，那么这种自组织的调节能力也会丧失。自组织理论在20世纪60年代末建立并发展，自组织理论是研究复杂系统从无序向有序、由低级向高级的系统动态演化的理论。

系统的"自组织性"是通过系统各组成部分之间的紧密联系、相互作用，并动态地适应环境变化体现出来的。由此也不难看出，如果没有对系统的整体性、关联性及结构性特征的理解，用孤立的眼光、机械的方法去考察被人为地肢解了的系统的各个组成部分，很难看到系统要素的相互联系、相互作用，进而也不可能完整地理解系统的自组织性。自组织系统演化的动力来自系统内部的两种相互作用：竞争和协同。协同学无非一种在一个系统各部分之间协作的理论。

第3章 新工业革命实现新旧
动能转换的一般理论分析
——一个基于技术—经济范式的理论分析框架

　　通过对工业革命文献梳理，我们在第2章指出，工业革命是由一系列新技术所引起的生产函数（包括生产要素组合方式和生产组织形式）由低级到高级的突破性变化及新产业传统形成的过程。这种界定从普适性角度来看，既可以用来解释历史上已经发生的工业革命，也可以解释未来工业革命的实质——一系列新技术扩散引起产业突破性变革的过程；从内容来看，这是一种系统、综合的概念，工业革命不是单纯的工业革命或生产组织的变革，而是从技术、要素，到生产组织、部门结构等的整体性、系统性变革；从本质来看，这种界定强调了工业革命伴随着部门结构、产业结构的变革过程，而不仅仅是总量意义上的经济的持续增长。而新旧动能转换，我们也经由其本质回归到衡量经济增长的根本——生产函数，建立了一个普适性的概念界定，即新动能转换过程就是由一系列新技术所引起的生产函数由低级到高级的变化及新产业传统形成的过程。在此界定中，为了区别工业革命的革命性变革，我们仅仅把工业革命界定中的突破性去掉了。但是，历史事实及相关研究都告诉我们，无论是工业革命还是新旧动能转换，其动力或引致原因都是一系列技术（创新）引领；其表现或完成、实现途径都是生产函数由低级到高级的变化及新产业传统的形成。

我国经济新旧动能转换正好与全球新一轮科技革命、工业革命交汇，而工业革命作为由一系列新技术所引起的生产函数由低级到高级的突破性变化及新部门、新产业结构形成的过程，本身就是经济动能转换的一个过程。

工业革命、经济新旧动能转换过程作为由一系列新技术所引起的生产函数（包括投入组合方式和生产组织形式）由低级到高级的变化及新产业结构形成的过程，其发生、发展过程也是一系列相互关联的新技术体系通过技术系统的自组织扩散至经济领域，从而引起原有产业结构、部门结构发生根本性变革的过程，这个自组织就是探索应用新技术、发挥新技术潜力的最佳实践模式的过程，也即是新技术成功实现扩散的过程。因此，此次经济新旧动能转换实质上是同新工业革命发生发展的过程相同：即是一个新技术—经济范式的变迁过程。工业革命、经济新旧动能转换与技术—经济范式的这种天然的内在联系，为我们揭示工业革命发生、经济新旧动能转换的机理提供了基本的理论依据和逻辑基础。

从经济增长理论来看，决定经济长期增长的影响主要来自供给侧，需求主要是影响短期的经济波动。过去几十年，导致我国经济高速增长的因素主要来自需求侧，之所以这样，主要是因为我国过去多年的高速增长在很大程度上是借助于发达经济体经济发展经验带来的改革（制度）红利、人口红利等，而不是来自自主的由技术进步引致的经济增长。技术—经济范式很好地说明了技术进步引致的经济长期增长的演进路径，适用于我国已经通过借鉴、复制发达国家发展经验实现几乎与发达国家同步的工业化水平，在技术水平上与发达国家处在同一起跑线上，甚至在某些前沿技术上已经成为引领者的阶段。此时，用技术—经济范式去研究经济动能转换问题及长期经济增长动能问题更合适，也更具有适用性。

3.1　工业革命与技术—经济范式变迁的内在逻辑①

3.1.1　技术—经济范式的提出及其内容

科学革命家托马斯·库恩（Thomas Kuhn）使范式一词广为流传。库恩关于科学及其演变的著作《科学革命的结构》以范式为中心展开，在本书中，库恩最早对范式一词做出了科学的解释，虽然这个词在书中至少有 20 多种用法，但库恩指出这些用法的差异主要是由于文笔上的不一致所造成的。按照库恩的解释，在此书中，范式一词主要有两种意义不同的使用方式，一方面，它代表着一个特定共同体的成员所共有的信念、价值、技术等构成的整体。另一方面，它指整体中的一种元素，即具体的谜题解答；把它们当作模型和范例，可以取代明确的规则以作为常规科学中其他谜题解答的基础。在库恩看来，范式也是示范性的以往成就。

目前我国一些研究文献在提到库恩对范式的界定时，通常使用的是库恩在著作前面部分对范式一词的概括，如范式通常是指那些公认的科学成就，它们在一段时间里为实践共同体提供典型的问题和解答、一个范式就是一个公认的模型或模式，这种介绍使作为科学哲学范畴本就比较抽象的词汇，对初次接触范式这一概念的读者来说过于简练，库恩后面对范式进一步的说明可能会有助于我们进一步理解这个概念。范式之所以获得了它们的地位，是因为它们比它们的竞争对手能更成功地解决一些问题，而这些问题又为实践者团体认识到是最为重要的（库恩，2003）。这个说明实际涉及了范式的本质，即成功的实践方式或方案，遵循

---

① 由于工业革命本身就是经济动能转换的一个过程，因此本章我们所分析建立的工业革命与技术—经济范式变迁的内在逻辑及基于该理论逻辑对工业革命发生机理的分析，也可以看作是新旧动能转换与技术经济范式变迁的内在逻辑，只是为了标题简练，本章每节的标题仅出现了工业革命。

范式是通往成功的途径。

库恩的范式概念更多是一种科学范式。1977 年，纳尔逊和温特（1977）在一篇关于创新理论的文章中指出，技术自身特征决定了技术的发展轨道，并提出了自然轨道（Natural Trajectory）的概念，这条自然轨道使技术在发展中存在着路径依赖。技术创新经济学家多西 1982 年在《技术范式与技术轨道》一文中类比科学范式提出了技术范式（Technological Paradigms）的概念。多西将技术范式定义为解决所选择技术问题的方案的模式（Model）或典范（Pattern），而这是依据选择的源于自然科学的原理和所选择的材料技术。在创新过程中，技术范式定义了进一步创新的技术机会和有关如何利用这些机会的基本程序，因此，技术范式也包含了对技术变化的方向作出取舍的明确规定。

研究技术创新与长波理论的演化经济学家佩蕾丝在 1983 年发表的一篇文章中首次提出了技术—经济范式的概念，不过，在该篇论文中，佩蕾丝主要采用的是 Technological Style 一词，文中她提到其他人可能更喜欢称它为技术—经济范式（Technoeconomic Paradigms or Patterns），因此，我们可以认为，在该论文中，从指代内容来看，Technological Style 和技术—经济范式是相同的。在这里，佩蕾丝仅给出了关于技术—经济范式的一个较为简单的定义：生产组织的一种理性类型或最佳的技术常识，它们是在对相对成本结构回应中发展起来的。1988 年，佩蕾丝与另一位技术创新经济学家弗里曼进一步丰富了技术—经济范式这一概念。弗里曼和佩蕾丝在对创新进行分类时发展出了技术—经济范式（模式）这一概念，是指相互关联的产品和工艺、技术创新、组织创新和管理创新的结合，包括全部或大部分经济潜在生产率的数量跃迁和创造非同寻常程度的投资和盈利机会。新范式（模式）造成技术上和管理上常识的根本改变，使新范式逐渐地成为一种理想类型。具体来看，新技术经济模式（范式）包括：①一种新的最切实可行的组织形式。②一个新的劳动力技能状况。③一种新的能充分利用低成本关键生产要素的产品结构。④使新关键生产要素更充分利用的创新趋势。⑤投资地点的新格局。⑥基础设施投资的浪潮。⑦小厂商进入全新的生产部门。⑧大企业进入充分利用关键生产要素的行业。⑨商品消费与服务的一个新格局以及分配与消费行为的新类型。

2002 年, 佩蕾丝在其重要著作《技术革命与金融资本》中详细论述了历次工业革命中技术—经济范式的扩散过程, 推动了技术—经济范式这一概念及理论的广泛传播。根据佩蕾丝在此著作中的论述, 技术—经济范式是一个最佳实践模式（A Best-practice Model）, 一系列通用的（All-pervasive）技术和组织原则构成了这个模式的主要内容, 这些原则是一次工业革命展开的最有效的途径, 通过这些最有效的组织原则, 工业革命才可以促进经济发展。当这些原则被普遍采用、吸收后, 这些原则就成了组织一切活动和构建一切制度的常识性基本原则（Common-sense Basis）。

本书采用此定义, 同时借鉴佩蕾丝对历次工业革命中技术—经济范式的分析, 技术—经济范式的通用原则包括以下几个方面内容（见图 3-1）: ①相互关联的主导技术创新集群。②要素投入。③与生产方式、组织管理有关的生产组织形式。④基础设施。⑤技术—经济范式充分展开所需要的制度框架。

图 3-1 技术—经济范式的五个维度

资料来源: 笔者绘制。

其中, 主导技术群是由引发工业革命并形成工业革命的一系列相互关联的重要技术创新组成的; 要素投入则包含两方面的内容, 一方面是在技术扩散展开中作为一种社会基础性投入存在的核心投入, 另一方面是与新技术匹配的要素结构; 生产组织形式, 是能将新技术及匹配的要素结构等有效组织起来发挥最大协同效应的最佳生产方式、生产组织形式；基础设施则是指新技术扩散赖以支撑的新的基础设施；制度框架，是能够推动这些彼此联系的因素协同发展以推进工业革命展开的有效率的制度环境。

从工业革命的历史演进来看，工业革命从蒸汽机、棉纺织业、铁路到钢铁、石油、电力、汽车再到半导体、电子计算机、互联网、大数据、云计算、人工智能等新一代信息、通信技术等，其发生、发展不仅是国内生产总值的量的增长，更是由于一系列新技术的出现及其相互作用引起的处于工业革命核心的部门结构及产业结构的变化。从单次工业革命的演进过程来看，工业革命产生的变革，不是在原有技术基础上的增量改进，而是围绕新技术的一系列突破性变革，这是工业革命作为一种"革命"的本质所在。因此，工业革命是一系列突破性技术创新在经济领域中的扩散、吸收过程，这种扩散、吸收过程是伴随着一个最佳实践模式与制度框架的协同演化，即技术—经济范式的演化而逐步推进的过程（见图3-2）。下文将围绕上述五个维度来分析工业革命发生的机理。

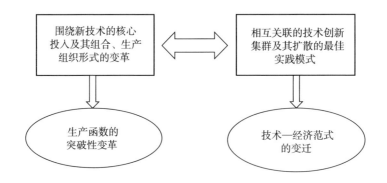

图 3-2　工业革命、新旧动能转换的双重性质

资料来源：笔者绘制。

3.1.2　工业革命：新技术—经济范式的形成与扩散

工业革命的进程与技术—经济范式的扩散如图3-3所示。

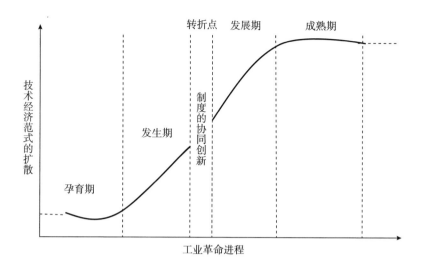

图 3-3 工业革命的进程与技术—经济范式的扩散

资料来源：笔者绘制。

3.1.2.1 工业革命孕育期：技术创新的涌现期

工业革命的孕育期，在原有范式边际报酬递减及技术知识积累的双重作用机制下，技术创新不断涌现，为新技术—经济范式的形成奠定技术基础。第一，原有范式边际报酬递减。在新工业革命的孕育期即经济旧动能衰退期，原有技术范式下的技术潜力已发挥殆尽，虽然出于对超额利润的追求，经济中不乏在原有技术基础上的增量创新，但仍无法阻止原有技术—经济范式进入边际报酬递减的总体趋势。对潜在经济机会的追求诱致许多技术创新主体——企业、研究机构、政府——不断加大对技术创新的投入，尤其是加大对具有突破性的重大技术的投入。第二，知识积累对技术创新的正反馈。技术创新和社会知识存量之间存在着正反馈，知识的累积使技术知识得到了拓展，拓宽的技术知识及增加的知识存量推动了更优的、更多的技术创新。在边际报酬递减压力和知识拓宽、知识积累推动的双重作用下，技术创新不断涌现，其中多以突破性创新为主（见图 3-4）。

图 3-4　技术创新涌现的推动力

资料来源：笔者总结。

　　但是由于技术创新的自主性、技术创新过程的非同步性，很多在未来被证实相互关联的技术创新还没有汇合在一起，大多数已经研发出的单项技术只能在有限的领域内得到有限的应用，其经济潜力的发挥有待新技术的汇合、群集及尚未开发出来的互补性技术的出现。虽然新技术的经济潜力还未充分发挥，但不断出现的技术创新，对要素投入及其组合方式、生产组织形式提出了新的要求，已有技术—经济范式面临着来自新技术的巨大挑战。

　　3.1.2.2　工业革命发生期："最佳实践模式"的探索

　　工业革命发生期也即经济新动能培育期，是一个不同技术范式在自由竞争中不断试错的时期。新技术作为新生事物，其发展、扩散的最佳发展轨迹是通过企业等技术创新、扩散主体的不断试错探索出来的。

　　相互关联的技术创新以集群形式先后出现并在相互促进中协同演进，技术创新群的协同演进使这些新技术显示出了巨大的发展潜力，这将进一步吸引社会先行金融资本的进入，在投资竞争中取得胜利的技术创新并没有停止进步，而是朝着最大发展潜力的方向不断以增量创新的方式继续动态演进。

　　新技术引起的生产率的量子式跃迁引发了生产领域的重构过程，这种重构首先表现为新的投入要素及投入组合出现，在不断试错中技术创新扩散的成功实践逐渐成为行之有效的通用法则和商业成功的常识：有利于新技术集群扩散的核心投入成本降低、新型生产组织形式出现、具有明显外部性的新基础设施逐渐建立并覆盖了足够大的范围，最佳实践模式——新的技术—经济范式得以建立，工业革命发生、经济增长的新动能逐渐培育。

3.1.2.3　工业革命发展期："最佳实践模式"的主导期

工业革命发展期即经济新旧动能的转换期，新技术—经济范式逐步取代原有技术—经济范式，成为通行的、占主导地位的行为法则：新技术普遍应用于各个领域，与新技术匹配的核心投入供给充足，新型生产组织形式成为流行的组织形式，新基础设施普遍建立起来，其正的外部性充分发挥。至此，技术创新集群的潜在效用通过扩散逐渐得以发挥。为继续挖掘新技术—经济范式的技术、经济潜力，技术、产品、商业模式等的创新将进一步推进，但基本都是围绕新范式的增量创新，这是一个系统协同发展的持续动态演化过程。

与此同时，在这一时期，促进新技术—经济范式扩散的新的社会及经济制度框架也在不断创新、完善，并逐渐建立起来，新技术—经济范式的财富生产潜力及影响得以充分释放和发挥，经济增长的新动能逐渐显示其强大潜力。

3.1.2.4　工业革命成熟期：新一轮技术创新的涌现期

工业革命成熟期即经济新动能的成熟期，也是新一轮新旧动能转换的开始。工业革命孕育期技术创新涌现的双重推动力再次发挥重要作用。第一，新技术—经济范式的边际报酬递减。新技术—经济范式的潜力已发挥殆尽，新技术的经济收益进入边际报酬递减阶段，逐利的社会先行资本开始寻求能够带来更多利润、更好的投资机会，而这更好的投资机会的最原始状态仍来自广泛意义上的技术创新。第二，社会知识的更高水平的积累。正在盛行的技术—经济范式虽然开始进入边际报酬递减阶段，但是范式的出现及变迁过程随着新一轮社会知识储备的增加，增加了科技进步的知识储备，为新的技术创新奠定了良好的知识基础。在边际报酬递减和社会知识积累的双重推动下，经济开始进入新一轮技术创新的涌现期。

3.1.2.5　转折点：制度框架与技术经济领域的协同演化

工业革命（经济新旧动能转换）并不是一系列技术创新的必然结果，在佩蕾丝看来，其发生期与发展期之间，是一个关键的十字路口，是新技术—经济范式潜力充分发挥的关键，这个转折点既非某一事件，也不是一个阶段，它是一段在特定环境下发生的变革过程①，这个变革过程即新技术—经济范式得以展开的制度框架的建立。工业革命过程、技术—经济范式的变迁最终是通过人的行为实现的，人的行为是组织规则、社会制度的函数，而组织规则又是组织目标的函数。因此，围绕不同的工业革命过程、不同技术引起的经济范式的变迁目标，组织规则、社会制度是一个必要的考虑因素。

对于技术经济领域来讲，制度创新与技术经济领域的协同演进既是一种自组织，也是一种他组织的路径。将技术经济系统与制度框架作为两个系统看，制度创新对技术—经济范式变迁的影响是一种他组织的路径——与技术经济领域相匹配的制度创新能促进技术创新的扩散；将技术经济系统与相关的制度框架作为一个大的系统来看，新技术—经济范式的扩散要求制度的协同演进——这是一种自组织的路径。只有制度框架与经济领域耦合发展，技术—经济范式才能得以充分扩散，工业革命、经济新旧动能转换才能取得成功。

工业革命发展、经济新旧动能转换的进程常常取决于技术—经济范式这一个复杂的开放系统的成熟程度或扩散程度。正如弗里曼和卢桑所描述的当新的基础设施建立起来、拥有合格技能的电工和技师随处可见、消费者态度和法律环境对新技术更有利的时候，新的电气器材就能够迅速扩散开来。相反，在新集群出现的早期，技师开始想象或设计出新产品，上述所有因素都可能成为阻碍或延缓新产品扩散的因素②。接下来，我们将具体了解、分析包括技术创新在内的这些"因素"与技术扩散之间的关系，以及它们在技术扩散过程中所起的作用。

---

① 卡萝塔·佩蕾丝. 技术革命与金融资本——泡沫与黄金时代的动力学 [M]. 田方萌，胡叶青，刘然，等，译. 北京：中国人民大学出版社，2007.
② 克里斯·弗里曼，弗朗西斯科·卢桑. 光阴似箭——从工业革命到信息革命 [M]. 沈宏亮，主译. 北京：中国人民大学出版社，2007.

3.2　工业革命发生的基本动力：
主导技术群的创新及演化

3.2.1　技术创新是工业革命、新旧动能转换的原始起点

随着熊彼特开创的创新理论及技术创新经济学的发展，越来越多的研究发现，任何对经济演化过程的令人满意的解释，都必须把技术创新、来自技术创新的利润率及其扩散置于分析的中心地位。这不仅是经济学家普遍接受的观点，也是历史学家和其他社会学家普遍接受的观点，即技术创新是导致经济系统发生质变的主要源泉（弗里曼和卢桑，2007），这种观点同样适用于工业革命、经济新旧动能转换。

在我们对工业革命的定义中，工业革命是社会新生产函数建立的过程。不同的技术对应着不同的生产函数，这是传统经济增长理论在研究生产函数问题时的一个隐含前提。微观经济学中，在研究投入与最大化产出的关系中，都有一个前提条件，即在技术不变的条件下。技术变化可能通过两种途径改变生产函数，要素相对价格的变动引起生产函数变动，或直接建立一种新的生产函数。引起要素价格变动的技术创新，往往是一种偏向型技术进步，会通过改变相对价格的变化引起预算线的变动，进而改变既定预算约束下的最优产出，这是一种常见的技术创新类型。直接建立一种全新生产函数的技术创新通常对应着一种新产品或新服务的出现，如第一次工业革命中蒸汽机技术创新、冶铁技术创新催生了制造产品的工具机——机器的出现。

技术创新引致的新的生产函数，意味着新的投入品或者原有投入品的新的配置结构，以及对新投入组合的最佳组织、管理方式。没有技术创新，生产只能沿着原有技术轨道方向，通过简单再生产或扩大再生产实现经济总产出量的改进，

而这种总量意义上的微观改进不仅在一定时期内难以实现总量的量子式跃迁，更不会带来部门结构、产业结构等经济结构性的变革，而结构性的变革才是工业革命的本质，也是经济新旧动能转换的关键。从全要素生产率角度来讲，技术创新是经济发展各时期推动新旧动能转换的核心动力（张文和张念明，2017），因此，从长期经济增长来看，技术创新不仅是工业革命的原始起点，也是新旧动能转换的原始起点。

3.2.2　增量创新的协同演化促使基本创新经济潜力充分发挥

3.2.2.1　单项技术创新的分类：基本创新与增量创新

英国萨塞克斯大学科学政策研究中心将创新分为四类：①增量创新。②基本创新。③新技术体系。④技术经济模式的变革。就单项技术创新来讲，技术创新可以分为增量创新与基本创新。其中，基本创新通常是企业和（或）大学以及政府实验室中深思熟虑的研究与开发活动的结果，基本创新的一个最主要特征是相比于一般的技术创新，无论是在知识基础方面还是在技术潜力方面都有一个明显的飞跃，"需要人们跳出现存的模式，并试图推翻现有的技术"（斯泰尔等，2006）。因此，基本创新的出现是不连续的事件，它是引发工业革命的核心创新。

在技术—经济范式理论中，增量创新被认为是技术使用者或工程师在"干中学"过程中对技术改进的结果，而不是专业研发活动的结果，这类创新通常是由于需求压力、社会文化要素、技术机会和技术轨迹的一种结合，会连续不断地出现在任何一项经济活动中。但随着技术创新活动的专业化、常态化，增量创新也将更多是一种专业研发活动、研发行为的结果。与基本创新相比，增量创新通常发生在现存的技术范围之内，是一种正常的技术变化，因此，单独的增量创新并不会导致生产率的极大增长，但是它们对稳定生产率增长、完善基本创新的作用是显而易见的。

3.2.2.2　基本创新是工业革命的引擎

技术—经济范式理论中的基本创新通常也是通用目的技术创新，是一种对经济体系的很多部门都有着潜在而重要影响的深刻的思想或技术，具有创造巨大技术进步的潜能、与各种技术的整合性、技术应用的宽度、技术应用的广度四方面的特征。正是由于基本创新这种特征，基本技术创新能够随着时间的演进，催生大量的相关创新，从而成为工业革命的引擎。如第一次工业革命的蒸汽机技术创新、第二次工业革命的电力技术创新等，社会生产会不断地从中获取经济收益。布莱等（2014）形象地描述了通用技术创新的影响过程，当这些收益在技术还不成熟、还没得到广泛使用时仅仅是涓涓细流，但当通用目的技术提升、扩散开来之后，收益就会变成滔滔洪流，然后随着技术提升，尤其是技术扩散的逐渐消亡，收益又回归到涓涓细流。当多种通用目的同时或者稳定地连续出现时，我们就可以在很长一段时间里维持较高的增长率。

　　基本技术创新能够对经济产生根本性、广泛性的影响主要是由于基本技术创新在演化过程中的三种效应。第一，规模经济效应。随着通用技术应用的广泛扩散、产出的提高，技术创新初始投入的单位成本呈现持续下降的趋势，成本的持续下降又反过来推进了基本技术创新在社会生产、生活中的广泛应用，这种正反馈是基本创新对经济产生根本性、广泛性影响的基础。第二，技术广泛使用中的学习效应。技术使用的时间越长、使用频率越高，技术使用者在使用中所掌握及意会的与技术相关的关联技术越多，这一方面促使原始技术的持续改进，另一方面也会在使用中由于熟练度的提高而使技术的效率更高。基本创新技术作为一种各部门普遍使用的通用性技术，在使用时间及使用频率方面要远远高于一般技术，使用中的学习效应显著，从而推动了基本技术创新的填补式创新及效率的持续提升，保证了基本创新对经济影响的持续性。第三，技术演进中与其他技术的协作效应。由于技术应用的普遍性及显著的发展潜力，会诱致相关匹配技术的研发与进步，促进原始技术的综合效率提升并推动整个技术体系的协作改进。

3.2.2.3　增量创新使基本创新的经济潜力得以充分发挥

　　在早期的技术创新扩散的模型中隐含着一个不切实际的假设——认为技术创新一旦发生就不会再发生改变。但是在弗里曼和苏特看来，当一个产品或工艺流程首次引进时，它不可避免地处在较原始的形式，以后需要不断地渐进性改进。这里的渐进性改进正是我们所指的增量改进，通过这种持续的增量改进，才能使最初的基本创新的经济潜力得以充分挖掘。

最初并不完善的基本技术创新出现后,通过一系列增量创新不断进行改进和完善,这些或多或少连续不断的小改进调整和完善了基本创新的新想法,使其成为有用并且有效的技术,而这些改进都具有相同或类似的知识基础。当这一有用的知识被用完后,这一进化过程就一直处于相对静止状态,直到某一项或一系列新的基本创新出现,从而开始了下一轮基本创新与增量创新协同演进的过程(见图 3-5)。

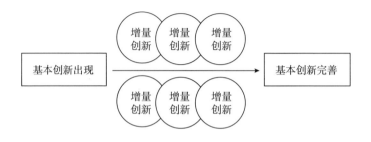

图 3-5 基本创新与增量创新的协同演化

资料来源:笔者绘制。

虽然基本创新是工业革命的引擎,但它最初所展现的往往是不成熟或一种局部的技术,只有后续连续不断的增量创新以填补式创新的形式对基本创新进行不断完善后,基本创新的经济潜力才能得以发挥。没有增量创新,原有创新的潜力将很快趋于衰竭,如瓦特蒸汽机虽然在蒸汽机历史上是一种具有变革意义的创新(相对于之前出现的萨弗里蒸汽机、纽康门蒸汽机),但是瓦特蒸汽机在当时对燃料的节约、动力的提升并不是跳跃式的,其革命性意义在于其提供了一种蒸汽机改良的最佳途径,而这种最佳途径的巨大潜在经济效益是通过瓦特及其他人后续的不断增量改进才得以实现的。如果没有手机、平板电脑等移动终端的不断增量式创新,通信、信息技术将由于缺少物质载体的支撑而难以实现目前在生活、生产领域所展现的经济潜力。

3.2.3　技术生态系统的演进是工业革命发展、新旧动能转换的技术路径

3.2.3.1　技术生态系统的构成及其协同演进的技术发展轨迹

工业革命的发生与发展、新旧动能转换是不同层次的技术系统共同演进的过程。以工业革命为例，构成工业革命的技术系统具有整体性、层次性和连锁性特征，不同层次的技术系统由不同的系统要素构成。

从工业革命最高层来看，按照在生产领域中不同的功能，工业革命的技术系统包括四个组成要素：能源技术、机器技术、材料技术、动力技术（见图 3-6），而每个要素实际又是一个包含更多子系统的技术系统。从技术系统的角度理解工业革命发生过程，其过程将不再是沿着某一种技术甚至是基本技术的演进轨迹，而是沿着各种相互联系、相互作用的技术系统共同演进的轨迹。以第一次工业革命的主导产业纺织工业为例，首先，纺织工业的机械化革命是机器代替人力劳动的纺织机器的应用，但是机器的大规模应用需要能够带来更大动力，不受季节、地理位置限制的动力支撑，即蒸汽机，蒸汽机的运转所依靠的能源是煤。其次，机器及蒸汽机的制造需要材料由木制向金属的转变，而金属的大规模冶炼需要热源由木材向煤的转变，金属的大规模生产及机器制造对金属种类、形状的多样化需求也需要金属生产设备的同步改良、创新。最后，煤的大规模开采对机器装备的需求也带动了金属、蒸汽机的进步。总之，这些不同技术系统之间在彼此关联中相互演进、发展、持续创新，这种在相互关联中持续创新、协同演进的过程也是相互将各种技术经济潜力发挥到最大的过程，即技术扩散从而工业革命发展的过程。

从构成工业革命的技术系统的具体类型来看，技术生态系统由部件技术、产品及应用技术、支撑和基础设施技术三种类型的技术组成（见图 3-7）。以信息通信技术为例，以软件服务、电脑、手机等为代表的终端产品技术创新属于产品及应用技术，以芯片、传感器等为代表的零部件技术属于部件技术，互联网、移动互联网技术则属于支撑和基础设施类型的技术。信息、通信技术本身就是一个技术生态系统，不同层级技术创新之间存在着良性的反馈回路，其中任何一种类

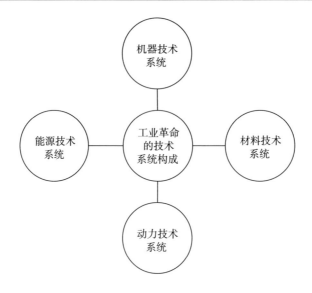

图 3-6　工业革命的技术系统构成

资料来源：笔者绘制。

图 3-7　技术生态系统的构成

资料来源：笔者绘制。

型的技术创新都将促进其技术的进一步创新；反之亦然。

3.2.3.2　工业革命过程、新旧动能转换过程是技术生态系统演化的过程

工业革命源于技术革命，但每一次技术革命都不是一项基础创新或一项宏观发明的出现，而是以若干批技术创新为基础，其中一些包含大变革和突变（开创

性的创新），而另一些则包含许多小改进（渐进的创新），即一系列基本技术创新与增量技术创新等这些相互关联的技术创新构成了一个开放的复杂系统，当这个开放复杂的技术系统在遇到外界环境发生改变时，会通过技术系统的自组织及与其他系统的他组织作用，实现系统由低级到高级系统的演化，这个技术系统的演化过程是工业革命发生的动力、引擎。技术系统的系统特性决定了引起工业革命的技术创新不是单一技术的创新，而是一系列相关技术的协同创新。同样，引领新旧动能转换的创新，能够顺利形成实际的新动能，也不是单一技术的创新，而是一系列相关技术的协同创新。

工业革命的源动力——技术革命、引领新旧动能转换的技术创新，都是技术创新集群出现的结果，这些技术创新的群集不是简单的相加，而是以系统形式存在的，各种技术作为系统的组成要素，彼此之间互相支撑，在协同促进中推动着技术系统由低级到高级的演化。如第一次工业革命时期的纺织生产技术系统，生产中机器的使用，不仅需要机器生产技术（工具机的生产），同时还包括能够使机器运转的动力技术的支持，而机器的生产也需要冶铁等技术的发展为机器制造提供原材料。没有动力技术的支撑，机器无法运转；没有冶铁技术的发展，工具机技术创新将遇到瓶颈；同样，工具机技术的滞后会导致动力技术无法推广应用，抑制动力技术的创新演进。

熊彼特较早论述了技术创新以成群形式出现的特征：新的组合不是像人们依据一般的概率原理所期望的那样，从时间上均匀分布的，按照这样一种方式，让人们能够选择等距离的时间间隔，在每一个间隔里可以安置实现一个新的组合，如果一旦出现，那就会成组或成群地不连续地出现（熊彼特，1990）。而这些成群出现的技术创新是相互关联、相互依赖的，并以生态系统的形式组成了一个技术体系，这个技术生态系统的演化过程就是新技术—经济范式展开的最佳技术轨迹，是工业革命发生、发展的过程，也是新旧动能转换的过程。

3.3 工业革命发生发展的基本条件：
核心投入、要素结构的协同演化

3.3.1 核心投入是新技术应用于生产领域的必要投入品

按照弗里曼和佩蕾丝的解释，关键生产要素[①]是技术—经济范式中的一个特定投入或一组投入，在已经发生的工业革命中，它往往以自然资源或一种工业制成品的形式出现，如第一次工业革命中的煤、铁，第二次工业革命中的石油和钢，第三次工业革命中的芯片。从这个意义上讲，核心投入实质是一种社会基础性投入，并且常常与引发每次工业革命的通用技术、主导技术紧密联系在一起。因此，核心投入也通常被作为技术—经济范式划分的重要依据之一，是技术—经济范式的重要组成部分。

产出是投入的函数、是投入的结果，新技术实现经济收益的产出必须有投入。工业革命是新技术广泛应用于生产领域的结果，新技术应用于生产领域就是通过一个投入产出过程。从最基本的生产函数角度，新技术的应用将引起生产函数曲线的变化，最根本的就是投入要素的变化，这里的投入要素的变化不是增量技术改进意义上的技术进步引起的要素投入的量的变化，而主要是指投入要素的质的变化。

在技术—经济范式理论中，核心投入概念的提出本身就是围绕引起工业革命的技术创新的必须投入品，没有必须投入品，新技术犹如无米之炊，就不可能实现产出，即技术创新不能应用于生产、无法获得经济收益。以第一次工业革命为例，没有煤的投入，由水力转向蒸汽动力技术创新的动力革命无法实现；没有铁

[①] 这里的关键生产要素即我们所说的核心投入，在弗里曼和佩蕾丝的《结构调整危机：经济周期与投资行为》研究中采用的是关键生产要素的概念。

的投入，工具机的革命也无法实现。因此，那些能够促进核心投入实现普遍应用的技术创新也是新技术—经济范式能够扩散至整个领域的关键。

3.3.2　核心投入诱发新技术的生产潜力

按照技术—经济范式理论，成为核心投入需满足三个条件：第一，相对成本下降的潜力。这里的相对成本下降并不是一般数量意义上的下降，而是显著的成本下降趋势。对于工程师和管理者来说，只有大的持续的变革才有能力转变决策规则和"常识"规程。第二，长期来看无限供给的能力。在工业革命进程中，由于核心投入领域相关技术创新的滞后或其他瓶颈因素的制约，核心投入品可能会出现暂时的短缺，但是从长期来看，无论是在其生产来源、生产技术还是成本等其他方面，实现大规模的供应不存在大的障碍。第三，普遍的应用前景。只有满足这三个条件，才能称之为核心投入；核心投入只有满足这三个条件，才能推动通用技术、主导技术在经济领域的广泛扩散，诱发新技术的生产潜力。

上述三个条件相辅相成，缺一不可。首先，核心投入相对成本的下降取决于无限供给的能力。市场经济最基本的经济规律告诉我们，供给量和价格之间存在反向变动关系。作为社会基础性投入，需求量是巨大的，只有具有无限供给的能力，核心投入相对价格的显著降低才会成为可能。其次，核心投入相对成本的下降将促进核心投入的广泛应用。既然是一种基础性投入，其应用前景是广泛的，应用主体无论是微观企业还是宏观政府，其经济行为决策都是基于成本收益的分析，如果使用核心投入带来高成本，必须有更高的收益弥补高成本支出才能使其应用成为可能，这将限制核心投入的使用，只有低成本的使用才能使核心投入成为经济主体的普遍选择。最后，无限供给的能力是核心投入能够普遍应用的保障。一方面，无限的供给能力从数量上保证了经济社会对核心投入的普遍使用；另一方面，无限的供给能力对于大量投资决策者自信心的形成，也是一个基本的条件。

低成本、无限供给与普遍的应用前景三者结合，一方面，推动了核心投入在经济领域的广泛应用，继而推动了以核心投入为投入的新技术体系的扩散；另一方面，三者的良性循环引致了围绕核心投入的技术创新，这将进一步促使核心投入的成本下降、品质提升，从而作为辅助技术推动工业革命主导技术、通用技术的进一步扩散，使新技术的生产潜力充分释放出来。

3.3.3 与新技术匹配的要素结构推动新技术在企业中的应用与扩散

在技术—经济范式理论中，核心投入更多是经济系统中产业层面的一种概念，如第一次工业革命中的煤和铁，第二次工业革命中的钢铁、石油。从微观意义来看，工业革命作为一种新生产函数的建立及扩散，企业生产中新技术的变化也必然要求具体化的要素投入的变化。因此，在我们的研究中，要素投入不仅包括弗里曼和佩蕾丝所指的产业层面"核心投入"的变化，还包括企业层面要素投入的变化。

从生产函数角度来看，要素与要素结构是生产函数的约束条件，也是产出的条件，因此，与技术创新相匹配的要素供给（在此主要指传统要素类型资本和劳动）是工业革命的"燃料"和"血液"。熊彼特早就意识到生产方法与要素组合、要素结构的联系。在熊彼特（1990）看来，不同的生产方法只有通过组合的方式才能加以区别，因为从技术上以及从经济上考虑，生产意味着在我们力所能及的范围内把东西和力量组合起来。每一种生产方法都意味着某种这样的特定组合。这种特定的组合不仅包括要素组合的内容，还包括要素组合的比例结构。

要素投入内容的变化。以劳动要素为例，随着工业革命演进中分工的深化，劳动要素的异质性表现越来越明显、构成越来越复杂，而不同的工业革命由于引领技术、主导产业的不同，与技术、新兴产业相匹配的劳动技能也不同，每一次工业革命都包含着新工种、新技能、新的职业的产生，因此，与一般经济增长中要素投入量作为经济增长重要源泉不同，在工业革命中，更重要的是与新技术、新兴产业相匹配的劳动力在职业、技能等方面的供给结构。我国本次新旧动能转换在要素方面表现得尤为明显。过去几十年的经济动能相当一部分是来自劳动要素量的投入贡献，但随着技术进步、人口红利消失，要素结构亟待升级以满足新技术带来的产业升级等对要素的需求。

要素投入比例的变化，新技术不仅会产生对新要素的需求，也会通过改变原有要素的相对边际产出而改变原有要素的最佳投入比例。工业革命表现为技术进步，技术进步意味着生产曲线的移动，即生产函数的移动、变化。在要素投入内容不变的条件下，生产函数的变化实际是由于技术进步引起的要素相对价格变动下实现既定产量的要素组合变动的结果。如图 3-8 所示，假设在原有技术水平下，Q、I_1 分别代表某企业生产某种产品的一条等产量曲线和预算线，L、K 为企业生产产品的投入要素劳动和资本。遵循利润最大化原理，在既定预算线 I_1 水平下，企业生产产量 Q 的最小成本的要素组合是（K_a，L_a）。假设由于某种技术创新降低了劳动要素的价格，预算线由 I_1 转动到 I_2 位置，在新的技术水平下，（K_b，L_b）是企业生产原有产量的最小成本的新的最佳要素组合比例。在要素投入内容不变的条件下，技术进步所引起的要素相对价格的变动导致了生产相同产量的要素最佳组合的变化。

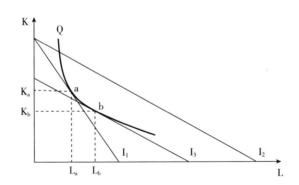

图 3-8　技术变动对要素组合比例的影响

资料来源：笔者绘制。

一般而言，工业革命、新旧动能转换是大量技术创新的集群，工业革命、新旧动能转换初期要素结构的变动更多表现为要素投入内容的变化，而随着工业革命、新旧动能转换的推进，要素结构就表现为新要素内容在比例结构中的变化。无论是要素投入内容还是要素投入组合比例的调整，要素投入都要根据技术创新的变化及时调整，否则将成为技术创新扩散的一个瓶颈从而延缓甚至阻碍工业革命的发展、新旧动能转换的顺利实现。

3.4 工业革命推进的基本载体：
生产组织形式的协同演化

3.4.1 新技术与新要素结构协同效应的发挥依赖于组织形式

系统结构和关联是系统行为与事件产生和演进的根源所在。在工业革命、新旧动能转换中，新技术—经济范式的变迁是新技术在经济领域的扩散，狭义的扩散是新技术在经济领域中的普遍应用，应用主体是微观的生产组织。生产组织通过一定的生产方式成为技术扩散的有机载体。生产系统是一个复杂的开放系统，既有技术是系统内的有机构成因素，而技术创新则是引起现有生产系统涨落的外部能量输入，外界环境物质的变化引起生产系统内部要素结构及其相互联系的变化，这种变化带动生产系统由低级有序状态向高级有序状态演化。

按照系统观点，生产要素之间具有整体性、互补性，要素的有机组合能够实现整体大于部分之和，即协同效应。物理世界的机械系统，协同效应的发挥往往通过机器系统的物理连接就能实现，自然界的生态系统，协同效应发挥可以通过生物的本能反应，但生产系统内不同类型的要素之间无法通过其具体承载对象自发产生有机联系，如分布于不同位置的机器、具有不同技能的劳动者、不同形式的资本，将这些要素进行有效的组合、管理和控制以发挥它们之间的互补性和互动产生的溢出效应，就取决于组织的形式。从工业革命中生产组织的演进来看，从作坊式生产组织到工厂制生产组织再到现代企业生产组织形式，有效的生产组织及其组织下的生产方式是工业革命不可或缺的条件。

3.4.2　技术创新打破原相对有序的生产组织系统促使生产组织形式演化

普里高津提出的耗散结构理论是一个研究开放系统的理论。生产系统作为一个开放的复杂系统，系统内部各要素之间存在着非线性的相互作用，用耗散结构理论可以解释生产系统的演化原因。

在原有技术—经济范式下，生产系统处于相对有序的状态，随着科学技术领域基本创新、激进式创新的增加，已有的生产系统无法适应逐渐累积的技术创新，新技术在原生产系统结构安排中无法得到有效应用，这种不适应的累积使生产系统不断远离平衡态，反映系统无序程度的熵值不断增加，这刺激了系统在与外部环境交换能量、物质、信息过程中，加快自组织作用过程，负熵增加，使系统逐渐实现从无序向有序的演化。以纺织技术创新系统中的自动纺织机的应用为例，自动纺织机代替原有纺织机，自动纺织机的应用与原有车间布局、转换器等方面产生的不匹配改变了原有生产系统的平衡状态，当车间根据机器的需求进行重建、重新设置机器布局、产品进行简化、改变转换器等一系列变动发生后，新生产系统的无序状态才逐渐向有序的方向演化。

3.4.3　生产系统的自组织适应性实现了生产组织形式与技术创新的协同

哈肯指出，把经济作为一种发展的过程、一种演化来看待的动态观察，已越来越引起普遍的重视。这自然完全与协同学的普遍方法相一致，即不把结构看成一成不变的实体，而是从它的形成中去理解[①]。

根据系统动力学理论，系统演化的动力可以来自系统内部，即系统内各组成要素之间的合作、竞争和变化等，引起系统规模、关联方式、功能、特性的改变。系统所具备的这种使其自身结构更为复杂化的能力，被称为自组织。系统演化的动力也可能来自外部因素、外部环境的变化。对于一个开放性的系统，与外部环境有着千丝万缕的联系，系统外部环境的改变都可能会引起系统内部的演

---

① 赫尔曼·哈肯. 协同学——大自然构成的奥秘 [M]. 凌复华，译. 上海：上海译文出版社，2001.

化，这是系统适应性的表现。如机器的发明改变了生产内部的人与人之间的协作方式、自动化设备的普及改变了人机协作方式等。而系统的这种适应性特征，是由于系统内部相互关联的要素之间存在着反馈回路。如第二次工业革命中，随着工厂规模的扩大和工厂内分工的复杂性，管理成为重要的因素，科学管理提高了生产效率，更推动了企业规模、组织、分工效率的提升。这些反馈回路也是生产系统的自组织过程，使得系统能够在各种反馈回路作用下通过自组织过程，实现系统由无序向有序、由低级到高级的演化（见图3-9）。

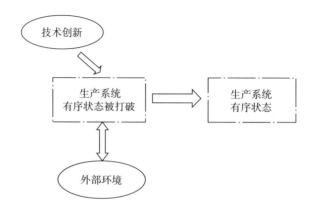

图3-9　生产组织的动态演化

资料来源：笔者绘制。

工业革命及新旧动能转换中，生产系统的自组织适应性使来自技术、商品、服务等方面的变革、创新，与研发、使用、生产和分配它们所必需的各种组织创新联系在一起，形成新的管理和组织新技术的常识性规则。佩蕾丝在不同的地方分别将这种新的管理和组织方法描述为新技术类型（New Technological Style）和新技术—经济范式（New Techno-economic Paradigm）。在她看来，管理和组织创新一旦出现并被证明有效，就会对社会产生广泛影响，并且这种影响不仅产生于企业内部，还往往扩散至各个领域。

3.5　工业革命推进的硬环境：新基础设施的完善

3.5.1　基础设施的内涵与新技术系统协同发展

在大部分的研究中，基础设施可以分为两大类，一类是交通运输、电力、能源、通信等类型的硬环境①；另一类是文化、市场环境等类型的软环境，软环境更接近于社会制度框架，本书所指的基础设施是经济性基础设施这一类硬环境。按照 1994 年世界银行的解释，经济性基础设施包括以下方面：以电力、电信、自来水、卫生设施等为代表的公共设施；以公路、大坝和灌溉渠道等为代表的公共工程；以城市和城市间铁路、城市交通、港口和水路、机场为代表的其他交通部门。上述基础设施是其他经济活动、各产业发展的基础，具有规模经济效应、投资规模大但具有不可分性、外部效益明显但效益显著发挥具有滞后性、不可分性等。

虽然基础设施已经成为一个被高频使用的概念，尤其是在经济领域的研究中，但是本书中的基础设施概念和一般经济研究中基础设施概念有着不同的内容，强调的是围绕新技术扩散的新基础设施的建立或得到更新的基础设施，而不仅仅是一般研究中提到的交通、能源、信息等基础设施。这也是本书动态观、演化观的体现。现有研究在研究基础设施对经济增长的作用影响时，基础设施内容主要是交通运输、电力、信息等已有基础设施，暗含的前提是基础设施静态不变的。但从世界范围内基础设施发展历史来看，不同工业化阶段总伴随着新基础设施的出现，基础设施的内容应该是社会技术进步的函数，与技术、产业结构是协同发展的。郑世林等（2014）通过对中国电信技术设施与经济增长的实证研究发

---

① 很多研究也将其称为经济（性）基础设施，而将后面的软基础设施称为社会（性）基础设施。

现，虽然移动和固定电话基础设施在 20 世纪末促进了经济增长，但进入 21 世纪后，移动电话基础设施对经济增长的贡献率已进入逐渐递减趋势，而固定电话基础设施甚至已经呈现出负向作用，这也在一定程度上说明了技术进步、产业结构对基础设施协同发展、演进的要求。

因此，从技术—经济范式理论看来，即使一种新技术系统显示出巨大的经济潜力，但它取得支配地位的速度在很大程度上取决于扩散必需的新基础设施，这些新的技术设施将服务于新技术、新部门的需要，相应刺激和推动主导部门的迅速增长。而一般来讲，工业革命、新旧动能转换的新技术集群本身也包括了建设、完善新基础设施的技术。

3.5.2 新基础设施通过成本效应消除新技术扩散的瓶颈

在工业革命、新旧动能转换中，新技术系统使用的高成本是新技术系统应用、扩散的瓶颈，而围绕新技术使用的新基础设施的建立将会大幅降低技术使用、扩散成本，使越来越多的生产者利用它们改造其产品和工艺，并扩大他们自己的市场，一种良性循环由此产生。

新基础设施的成本效应主要是通过新基础设施的建立和完善来改善基础设施条件，提高基础设施服务功能，降低新技术的经济活动成本，这些成本既包括围绕新技术使用、扩散的成本，也包括由于经济交易成本的降低而提高新技术使用的经济效益从而降低新技术使用的相对成本。如第一次工业革命中运河、公路等基础设施建设通过扩大市场范围带动了对产品的大量需求，从而引致对能够带来高产量的纺织技术、蒸汽动力、机器工具机的广泛应用；同时，运输成本的降低也降低了煤、铁等投入的成本，从而使这些新技术体系能够通过普遍应用而成为新技术—经济范式的内容，成为新旧动能转换实现的基础保障。

3.5.3 新基础设施通过关联效应带动了新技术范式的扩散

罗斯托（1988）、赫希曼（1991）都强调基础设施作为社会先行资本对经济增长的重要作用及影响，将基础设施作为直接经济活动投资的先决条件。基础设施对经济增长的重要作用及影响是由于基础设施作为一种社会基础性投入或其他产业发展的基础，与其他产业、部门间存在广泛的关联效应，主要包括前向联系效应和后向联系效应。其中，前向联系效应是从基础设施作为服务、生产要素的供给方角度，指基础设施作为其他产业部门的基础投入，为其他部门提供基础性投入，从而推动其他产业的发展，如交通运输、电力、能源等基础设施；后向联系效应则从基础设施是要素需求方的角度，指基础设施的建设、完善需要相关产业部门提供所需的材料、技术、服务等，从而带动相关产业部门的产出增加。新基础设施会通过技术上的前、后向联系效应促进新技术范式的扩散。

新基础设施的前向联系效应。新基础设施建设本身就是新技术应用的过程，无论是新建的基础设施（如第二次工业革命中电力基础设施的建立）还是更新的基础设施（如钢轨铁路对铁轨铁路的替代），都通过新技术的应用不仅实现了基础设施的高度化、高效化和合理化，并且通过前向联系效应推动新技术在其他产业部门的推广、带动其他产业部门的升级，如电网建设推动工业领域的动力革命。

新基础设施的后向联系效应。新基础设施作为新兴技术、前沿技术的集成，其所需投入也包括新技术产业，如无线通信基础设施、移动通信网络集成了通信技术、信息技术及新材料技术等，这类基础设施的建立将会带动已有新技术发展到一个较高的水平，通过不断改进实现新技术系统的扩散。

3.5.4　新基础设施作为直接投资通过需求效应拉动新技术的应用

由于基础设施具有不可分性、规模经济效应、网络效应等特点，新基础设施的投资规模巨大。而新基础设施的建设、完善往往也是新技术的系统性应用，因此，新技术设施的投资将通过社会投资直接拉动对新技术应用的需求，这是对新技术扩散的直接效应。另外，投资的增加，通过投资乘数效应带来了社会总产出的增加，这又会进一步拉动对新基础设施的投资（见图 3-10）。

一般而言，每一轮工业革命和新旧动能转换初期的基础设施建设都源于原基础设施不能满足新技术扩散的需求，因此，新的基础设施通常服务于新技术的扩

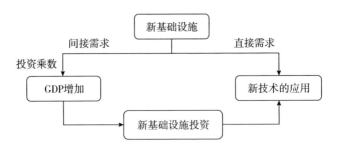

图 3-10　新基础设施对新技术的需求拉动效应

资料来源：笔者绘制。

散，在建设中采用的技术通常也是围绕主导技术群的技术基础。这种大规模投资产生的对新技术、新产品的巨大需求加快了新技术的应用及扩散。如第一次工业革命时期铁路运输网络的建设拉动了对铁的需求，带动了冶铁技术的发展，第二次工业革命中钢轨铁路及电网的建立，产生了对钢、电的大规模需求，大规模需求引致了对相关技术的创新浪潮。

3.6　工业革命发生发展的助推剂：制度创新与技术—经济范式的协同演进

3.6.1　适宜的制度框架加快技术—经济范式的演进

在技术—经济范式的理论框架中，一套与工业革命相适应的社会制度框架是新技术能够扩散并取得经济效益的重要条件，或者说，制度框架的调整本身就是技术—经济范式的重要组成部分。在原有技术—经济范式的经济潜力全部发挥、新的技术出现时，原技术—经济范式中的生产组织形式、社会基础性投入、基础设施等通行的"成功原则"与新技术系统无法很好地匹配，阻碍了新技术的扩散，必然要求制度框架的及时调整。在佩蕾丝看来，社会制度框架能否及时调整正是新技术扩散、工业革命实现的转折点，及时调整、协同演化的制度框架将促成工业革命"黄金时代"的到来。工业革命的历史也告诉我们，制度的及时调整不仅是工业革命成功的关键，更能加快工业革命的发生、发展，使工业革命及经济新旧动能转换能够迅速、顺利地展开，犹如化学反应中的催化剂。因此，我们将制度创新与技术—经济范式的协同演进看作是工业革命发生发展及新旧动能转换的助推剂。

制度的最根本作用是对行为的约束、激励或引导，制度作用的对象既包括个体单位——人，也包括各种组织单位，如企业、政府、研发机构、社会团体等。制度对个体、组织行为的约束、激励是在既定目标下实施的，即制度的内容是目标的函数。如为了鼓励社会发明、创造，出现了专利制度；为了提高员工技能水平或培养员工掌握新技能，出现了各种各样的培训制度。在人类社会发展的不同时期，具体目标是不同的，因此，制度是具有时代特点的。不同时期应该有不同的制度框架以服务于当时特定的目标。不同技术—经济范式的主导技术系统、要素投入、生产组织方式不同，服务于这些因素的制度就需要跟随其演进而调整目标，从而引导个体或组织的行为转向有利于新技术—经济范式形成、扩散的方向。

3.6.2   制度创新推动技术范式演化的途径

技术—经济范式所处的经济系统和制度框架是两个开放的复杂系统，每个系统又包含更多的子系统，这些子系统作为系统的构成要素彼此之间相互联系。而每个要素又是引起另一个系统涨落的原因，从而在两个系统之间形成协同共生的关系。两者之间的演进是通过各要素之间的正反馈、负反馈机制及各系统内部自组织机制实现共同演化的，因此，两系统之间的关系在演化中是作用与反作用的关系，而不是单纯的制度决定经济或经济决定制度的单向决定作用关系。但是限于主题，本书仅从制度对技术—经济范式的作用来分析两个系统共同演化的机制。

与新技术—经济范式实现良好匹配的制度框架是能促进新技术—经济范式建

立、扩散的制度，从技术—经济范式包含的内容来看，新的制度框架应该包括一套能有利于技术创新、要素结构调整的制度，还包括新的生产组织形式等其他制度（见图3-11）。

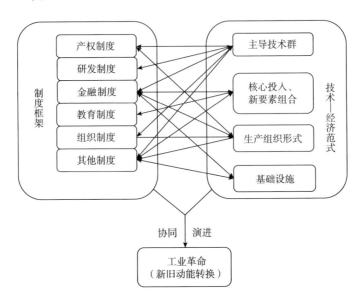

图3-11 制度框架与技术—经济范式的协同演进

资料来源：笔者绘制。

3.6.2.1 制度创新驱动技术创新及其扩散

根据技术创新的相关理论研究，经济增长尤其是工业革命的发生都是技术的一次革命性进步引致新生产函数的结果。技术创新是工业革命的必要条件，也是推动新旧动能转换的必要条件，而好的制度可以通过适当的激励、刺激，推动技术的创新及其扩散。

（1）产权制度促进技术的发明、创新。

制度通过提供有效信息建立一个人们相互作用的、稳定的结构来减少不确定性，激励人们采取对自己有益的行为，约束、抑制对自己无益的行为。制度既能促进技术创新、技术进步，又可以阻碍技术创新、技术进步，好的制度是能持续激励创新的制度。正如制度学派代表人物艾尔斯说过的技术的误用则是由于制度决定的目的错误引导。在刺激技术进步方面，制度创新往往是通过排他性的产权制度实现的。明晰的产权通过界定经济活动主体的选择集合及相应收益，为经济活动主体提供获取收益的依据或条件。排他性的产权制度不仅可以为每个人的专有权提供有效保护，还可以降低单个技术发明者对其发明创新活动所带来额外收益把握的不确定性，从而刺激发明者为了获得个人收益最大化而进行可以促进经济增长的技术发明、技术创新。奖金制度和专利制度就是这样一种制度，尤其是专利制度。

专利制度不仅可以通过赋予专利发明者相应权益激励技术的发明，而且能够推动技术的扩散、提高技术创新效率，更为重要的是能够推动技术与市场的结合。在专利制度出现之前，技术进步主要是商业机密所驱动。在商业机密驱动下，为了最大限度地获得、占有商业机密所带来的收益，人们将所拥有的技术、知识保留为私有知识而不对外公开披露，阻碍了知识的传承与扩散以及社会知识的积累，不仅影响了创新效率，也抑制了创新。与商业机密不受法律、制度保护不同，专利制度赋予了技术发明者享有收益的法定权利并对这种权利提供了法律保护，这不仅可以刺激技术发明者为获取发明收益而进行发明、创新活动，更能够促进技术、知识的扩散、传承。在专利制度下，原有商业机密成为社会公共知识，一方面提高了社会知识存量，另一方面这些知识存量成为后续创新的基础，提高了技术创新、技术进步的速度，创新效率也不断提高（见表3-1）。不断积累的公共知识和持续的创新形成的正反馈关系（见图3-12），不仅加快了技术创新的速度也提高了技术创新的频率，使各种技术创新不断出现，逐渐成为社会的常态现象。

表 3-1　专利制度与商业机密对技术创新的作用比较

	保护机制	传承与扩散范围	社会知识积累	技术与资本、市场结合
商业机密	仅靠所有者个人的不对外披露	家族内部传承，不对外扩散	社会知识积累有限	很难
专利制度	法律保护发明者的收益权	社会范围内传承、扩散	可快速、全部转化为社会知识	很容易

资料来源：笔者总结整理。

新工业革命与经济新旧动能转换的路径研究

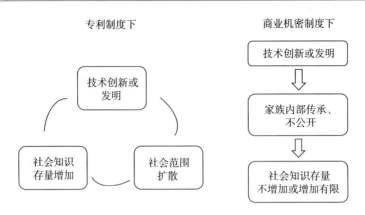

图 3-12 不同制度下社会知识和技术创新的反馈机制

资料来源：笔者绘制。

此外，专利制度还解决了商业机密保护下技术与市场难以结合的问题，促进了创新性技术和产业资本的结合（寇宗来和石磊，2009）。由专利所获取的经济收益也刺激了科学、技术的发展，从而使科学和技术系统地应用于经济领域成为常态。

（2）科技成果转化制度促进技术创新的扩散与产业化。

有效的科技成果转化制度有利于实现生产与科研的紧密结合，其对技术进步的推动主要通过技术、知识扩散以及经济收益两种传导路径来实现。技术、知识扩散传导路径指的是"技术应用产业化→生产技术、知识的积累与扩散→促进新的技术进步"这一正反馈路径；经济收益传导路径指的是"技术应用产业化→获取技术创新的经济收益→刺激技术发明、创新行为"这一正反馈路径。从更深层次来看，生产与科研直接结合的制度促进了科学研究、技术进步与企业的衔接，由此形成一定的科技与经济结合的模式，并进一步引发新的科技创新需求，明确方向，从而孕育一场新的工业革命和科技革命。

科技成果转化制度也有利于在创新研究和发明设计、市场、生产、销售之间形成一个反馈机制，使得创新研究能够及时根据产品设计、市场需求、生产、销售等环节的反馈不断进行优化，从而使技术创新成果能够快速实现商业化、产业化（见图 3-13）。

·68·

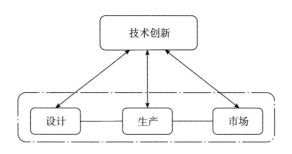

图 3-13　技术创新与企业各环节的反馈机制

资料来源：笔者绘制。

完善的教育制度是拓宽社会知识的保证，而有用的知识是现代经济增长的核心。从技术创新的角度来看，每一项技术创新都是基于某种知识基础，如第二次工业革命中电力革命的一系列技术创新——电动机、发电机甚至电报通信等，都是基于电磁理论这一理论知识基础，没有电磁理论的提出、发展，电力革命就不会发生。但是随着技术跨界融合的趋势，单一的、狭窄的知识基础将成为技术持续创新的障碍。以计算机技术为例，如果计算机技术没有将其知识拓宽与通信技术的知识相融合，计算机将还只是提供计算、处理数据的办公助手。因此，知识基础在现代的不断加深拓宽是促进技术进步的重要因素，而完善的教育制度则是加快社会知识拓宽的最基本、最重要的保证。除教育之外，其他有利于获取知识途径的制度也将间接地促进技术创新。

3.6.2.2　制度创新驱动要素供给与重新配置

制度创新推动核心投入、匹配要素的供给、优化要素结构。从工业革命发生的历史来看，关键要素、核心投入的供给主要源于技术进步，因此推动技术进步的上述制度创新间接推动了关键要素、核心投入的供给，使工业革命的新技术—经济范式的扩散具备了条件。但是除了围绕新技术的关键要素、核心投入外，与新技术相匹配的劳动、资本等要素则更多地需要制度发挥关键的作用。制度创新通过推动要素结构调整和优化为新工业革命、新旧动能转换提供与新技术相匹配的要素结构，从而加速新工业革命的发生发展、加速新旧动能转换进程。促进人力资本、劳动力要素结构调整的制度主要包括教育、培训和移民制度等。教育是形成人力资本的关键，教育制度在工业革命、新旧动能转换中的主要任务就是培育一定数量的、具有一定科技文化知识的新劳动者，这是科学技术转化为直接生产力不可或缺的前提条件；合理的培训制度不仅可以为新兴产业培养劳动力，也是传统产业劳动力掌握新技能的重要途径，而对技能的投资也是对人力资本的投资、对知识这一现代经济增长关键要素的投资，具有直接且长期的、持续的经济收益；移民制度可以通过对移民条件或待遇的设置吸引本国急需的劳动要素或人力资本。

资本要素供给、配置制度包括财税、金融、货币制度。一方面，财税、金融等制度创新可为政府积累资本并通过政府投资支持、促进工业革命中新兴产业的成长；另一方面，财税、金融等制度创新可以通过为企业创造良好的融资和成长环境鼓励企业进入风险较高的新兴产业。适当的金融创新需要得到适应同一范式的充分的制度创新的支持和调节。没有相应的法律框架，无论地方银行还是股份公司都不能安全可靠地参与其中；没有被认可的工会组织制度，收入和福利水平的限制会抑制对新商品的有效需求；没有合理、高效的税收制度安排，政府难以通过需求变动刺激新产业的发展；没有对新商业模式、新技术的金融制度创新，新经济就难以吸引较多的投资者。经济社会需要一套适宜的制度框架来完善和引导技术、经济领域发生的变革。

3.6.2.3 组织管理制度的创新

生产组织制度创新通过对新技术、新要素的重新配置和组合，放大各类生产要素的互补性及溢出效应，将新技术、新生产方式推广至整个生产领域，从而为工业革命发生发展、新旧动能转换提供有力的生产组织保障。从作坊式生产组织到工厂制生产组织再到现代企业生产组织形式，每次工业革命都伴随着新的生产方式、生产组织形式的出现，这些新的生产组织的出现本身就是一种组织制度的创新。与新兴技术相适应的新生产组织制度的出现，通过充分发挥要素间互补性与溢出效应可以大幅度提高技术、资本和劳动的产出弹性，从而提高生产组织效率，而生产组织效率的提升促使与新技术相适应的生产方式在生产领域得到推广和普及，使生产组织成为工业革命发生发展、新旧动能转换的有效载体。

3.7　本章小结

基于演化经济学的视角，借鉴复杂系统的相关理论我们可以发现，工业革命、新旧动能转换的过程是一个新技术扩散（革命）即新技术—经济范式变迁的过程。新工业革命这一过程的发生机理，其实早在马克思关于机器与大工业的论述中就已经得到了比较系统的体现。

马克思在分析资本的生产过程时写道，一个产业部门生产方式的革命，使别的一些产业部门生产方式的革命成为必要。机器纺纱业使机器织布业成为必要；二者合起来，又在漂白业、印花业和染色业上使力学—化学的革命成为必要。另外，棉纺纱业的革命又引起那种使棉纤维和棉籽分离的轧棉机的发明；要有轧棉机，棉花生产才有可能按照当时必要的巨大规模来进行。工业和农业生产方式的革命，又特别地使社会生产过程的一般需要的条件，那就是，使交通—运输工具有发生革命的必要。但是，现在要把大量的铁实行锻冶、锻接、截断、凿眼和造形，没有巨魔式的机器，是不行的。这种机器根本就无法用手工制造业制造机器的方法创造出来。[①] 马克思通过精彩的论述将英国第一次工业革命中先后出现的技术创新有机地联系起来，通过马克思的描述，一幅相互关联的技术创新通过反馈回路共同演进的图景浮现于我们的脑海。当然，马克思也没有忽略生产组织的变革，工厂制度已经获得一定的存在范围和一定的成熟程度，特别是，它的技术基础，机器本身，一经再用机器来生产，煤炭和铁的采掘，金属加工事业和运输工具一经发生革命，总之，与大工业相适应的一般生产条件一经形成，这种经营方式就会取得一种弹力性，一种突然的飞跃的扩张能力，以致只有原料和销路市场可以作为它的限制[②]。

---

①② 马克思. 资本论（政治经济学批判）（第一卷）（资本的生产过程）［M］. 郭大力，王亚南，译. 北京：人民出版社，1963.

第4章 基于技术—经济范式的工业革命发生机理的历史考察

本章我们将通过历次工业革命发生过程的历史呈现，考察工业革命发生、发展与新技术—经济范式形成、扩散的协同演进过程。通过对历史的考察，我们会发现，历次工业革命的发生都是技术创新集群引起的主导产业更替、核心投入变迁、要素结构调整、生产组织变革及新基础设施建立的过程，即一个技术—经济范式的变迁过程，同时，制度创新在工业革命发生与发展过程中发挥着越来越重要的作用。工业革命同时作为一个新旧动能转换过程，基于技术—经济范式对工业革命的历史考察，同时也是基于技术—经济范式对相应几次新旧动能转换的历史考察。

4.1 第一次工业革命的技术—经济范式及制度创新

很多考察英国工业革命的研究都指出了蒸汽机的标志性出现，以及纺织技术、煤、铁等的重要性，但这并不代表蒸汽、纺织业、煤、铁等就等于工业革命，它们本身并不必然带来工业革命，它们在相互融合中协同发展、扩散的结果才产生了工业革命，扩散的结果就是：蒸汽机与工具机的发明使机器生产代替手工劳动，煤和铁成为核心投入，公路、水路、桥梁等的建立和发展为工业的发展提供了重要的基础设施保证，而革命是以生产组织为载体、通过生产方式的适应性转变体现出来的。在这个过程中，英国较早建立起来的适宜的制度框架使其能早于法国、荷兰等西欧强国率先完成了第一次工业革命。

4.1.1　第一次工业革命的技术—经济范式

4.1.1.1　第一次工业革命主导技术群的创新演化

（1）第一次工业革命是工具机技术群、蒸汽机技术群、冶铁技术群协同发展的结果。

加利福尼亚大学历史学和经济学教授戴维·兰德斯将第一次工业革命的发生归纳为三个原因：以机器替代人的技能和努力；用没有生命的动力资源替代有生命的动力资源，特别是引进了能够将热转化为功的发动机；新原材料的大量使用，特别是用矿物资源替代了植物或者动物资源。这三个原因对应着第一次工业革命的三大技术创新群：工具机（机器）技术群；动力（蒸汽）技术群和材料（铁）技术群。需要说明的是，我们认为，煤作为重要的能源，也是第一次工业革命的重要内容，但其开采生产率的大幅度提高则是依赖于三大技术在采煤中的应用，因此，从技术创新角度来看，本书没有将采煤技术纳入主导技术群中。

在工具机（机器）技术方面，工具机的大规模商业应用，离不开零部件、动力传输及制造材料技术的持续改进和创新。在机器使用初期，技术的不完善使机器故障频发，影响了机器的进一步推广使用，但是其经济潜力诱发了持续不断的填补式创新，机器技术不仅包括机器制造更包括机器零部件技术的磨合等。在动力方面，机器的运转需要能够提供更大动力、使用更方便的动力支持，蒸汽机的出现满足了机器的动力需求，而蒸汽机的出现及广泛使用又迫切要求金属及金属加工技术的进步。在原材料方面，机器的制造经历了以木制为主向以金属为主的演变，随着机器的发展，以铁为代表的金属成为机器生产的基本原料。

在 18 世纪，英国各种资本品获得的专利可以很好地反映第一次工业革命时期各种技术创新集群协同演进的过程。工业革命早期，纺织行业的技术创新带动了动力资源、冶金机械的技术创新，当运河道路等基础设施建立起来之后，各种技术创新达到了高潮（1790~1799 年），第一次工业革命进入高潮（见表 4-1）。

表 4-1　18 世纪英国各种资本品获得的专利　　　　　　　　　　单位：个

专利类别	1770~1779 年	1780~1789 年	1790~1799 年
动力资源（原始发动机和泵）	17	47	74
纺织机器	19	23	53
冶金机械	6	11	19
运河与道路建设	1	2	24

资料来源：Macleod C. Inventing the Industrial Revolution［M］. Cambridge：Cambridge University Press，1988.

（2）蒸汽机技术在持续的增量创新中成为通用性动力技术。

在第一次工业革命中，蒸汽机的出现既是一种通用技术创新也是一种突破性技术创新，因此，在部分工业革命历史中，蒸汽机尤其是瓦特蒸汽机几乎成为第一次工业革命的代名词。但从蒸汽机技术变迁的历史来看，瓦特蒸汽机是在对蒸汽机的填补式增量创新中出现的。

第一部将蒸汽热能转换为动力的装置是 1698 年由托马斯·萨弗里发明的将蒸汽机和抽水机相结合的机械装置。但是这种装置由于没有使用活塞导致蒸汽与冷水直接接触，造成了大量的能量损失及能源浪费，同时由于当时材料及金属冶炼技术水平的限制，这种装置不能产生很高的气压，因此，提供的动力有限。1705 年，英国商人和铁匠纽康门发明了将抽水机与汽缸分离的蒸汽发动机，虽然避免了萨弗里式蒸汽机由于蒸汽与冷水接触产生的能量损失，但是由于在动力传输过程中存在较多的能量损失，最终能量转化效率并没有明显的提高，但是，活塞的使用使更大功率成为可能，这为蒸汽机技术的填补式创新提供了一个可能的方向。纽康门式蒸汽机在不断改良中效率不断提高，但提高缓慢（见表 4-2），直到 1769① 年瓦特蒸汽机的出现。

表 4-2　持续创新中蒸汽机煤耗的变化　　　　　　　　　单位：英镑

代表性纺织技术	每马力每小时用煤
萨弗里（Savery）蒸汽机（18 世纪）	30
纽康门（Newcomen）蒸汽机（矿业用）（1700~1750 年）	20~30
纽康门蒸汽机（1790 年）	17
瓦特低压蒸汽机（1800~1840 年）	10~15
高压蒸汽机（1850 年）	5

资料来源：Von Tunzelmann G N. Steam Power and British Industrialisation to 1860 ［M］. Oxford：Oxford U-niversity Press，1978.

　　瓦特蒸汽机建立了一个独立的压缩装置，动力产生过程中不用再重新加热汽缸从而避免了该环节的能量损失，虽然当时短期内的效率提升并不显著（表 4-2），但是为蒸汽机效率的持续提高提供了一个具有发展潜力的方向，其技术改进的方向加快了后来蒸汽机技术创新的速度，效率提升幅度也显著提高。以采矿应用为例，1781 年康沃尔矿井用 5 台瓦特蒸汽机取代 7 台纽康门蒸汽机后，每年使用的煤从 19000 吨减少到了 6100 吨（辛格等，2004）。沿着这个改进方向，1804 年，阿瑟·伍尔夫生产出了复合蒸汽机——一种广泛应用于航运业的蒸汽机，促进了航运业的发展。因此，可以说瓦特蒸汽机的出现是蒸汽机技术中的一次突破式变革、关键创新。蒸汽机在基本创新与增量创新中效率不断提升，各种创新累积的结果使蒸汽机由早期的应用于矿井抽水逐渐扩散到国民经济的所有部门，成为工业化的主要动力源，使用蒸汽机成为一个通用性的动力常识。

　　蒸汽机的发明使机器革命成为可能。第一次工业革命标志着人类进入了机器代替人类劳动的历史时期，是人类历史上的第一次机器革命，其标志性意义及历史性影响使马克思强调第一次工业革命的标志应当是工具机的使用。但是由于工

————————

① 1769 年为瓦特蒸汽机获得专利的年份。

具机的形态各异，按照政治经济学的语言，以不同的使用价值形式存在的不同形态的工具机具有不同的使用价值，因此，某种工具机的出现影响的是其专业领域。但是无论是哪种工具机，它们的共同性、共同基础是某种动力，因此动力的变革具有全面的普遍性意义。从第一次工业革命发展的全过程来看，对社会生产力发展起决定性作用、促使各个领域发生变革的通用技术是蒸汽机的出现及广泛使用。从这个意义上，蒸汽机是第一次工业革命的通用技术。

在蒸汽动力出现之前，风力、水力这种没有生命的动力使用已有了上千年的历史，虽然其来源免费，但是其供应具有天然的缺陷：风力不定时、风力变化不定，水力还要受季节、气候灾害的影响不能保证全年不间断供应等。与之相比，蒸汽动力无论是在动力强度还是在受季节、气候、地理位置影响等方面，具有明显的优势，这种动力的出现使集中在工厂生产的机械化工业成为可能。

蒸汽机的通用性引起各领域的广泛变革。蒸汽机的使用不仅使棉纺织业效率提高，也使采煤业的生产率大幅提升，不仅如此，蒸汽机也引发了海运的革命。随着蒸汽机的使用，汽船开始显示出其应用前景，并在 1869 年以后逐步代替了帆船的支配地位，19 世纪末期，汽船的货运量达到了帆船的 6 倍以上。这同时也得益于冶铁业的发展，冶铁业的发展先刺激了铁制帆船的出现，之后又使钢制汽船逐渐取代木制汽船，1890 年，在英国大吨位汽船中，钢制汽船占了绝大多数。在蒸汽机这种突破式基本创新的基础上，海运工具通过持续的渐进式创新、增量创新不断演进发展：螺旋桨和复合发动机的发明、改进增加了汽船吨位。1873~1898 年，世界 20 艘最大汽船的长度从 119 米增加到 165 米，吨位从 4143 吨增加到 10717 吨（哈巴库克和波斯坦，2002）。这种增量创新的累积不仅推动了远洋运输，也促进了欧洲工业文明的世界传播。

（3）棉纺织业的发展促进了相互关联的技术创新的累积性和自我持续性。

第一次工业革命起源于纺织技术创新，纺织技术带动了机器制造技术的创新，机器的应用又引起了对机器动力的需求及机器制造重要原材料铁的需求（见图 4-1）。集成应用三大技术的棉纺织业成为第一次工业革命的主导部门、主导产业。

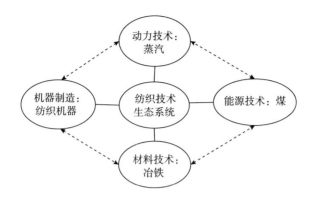

图 4-1　第一次工业革命的纺织技术生态系统

资料来源：笔者绘制。

从棉纺织工业的基本生产流程来看，棉纺织生产主要包括四个阶段：原材料处理阶段，对棉花、羊毛等原材料进行分类、清洗、梳理等。纺纱阶段，将棉花等纺成纱。织布阶段，棉纱织成布。对布的最后收工处理及根据不同需求的再处理，漂洗、上浆、裁剪以及根据产品差异化进行印染或漂白等。其中，纺纱、织布是最核心的两个流程，棉纺织技术系统的创新主要来自这两道工序的发明创新，这两个领域的发明、创新也是在相互作用、相互促进中通过一种反馈环路持续且协同发展的。

如图 4-2 所示，1733 年，凯伊发明的飞梭提高了织布的生产率，织布生产率的提高打破了织布与棉纱之间的供需平衡，1760~1780 年，为了能够满足织布对棉纱的需求，纺纱领域出现了一系列发明创新，其中比较著名的有哈格里夫斯的珍妮纺纱机（1765 年使用，1770 年获得专利）、阿克莱特的水力纺纱机、克隆普顿的骡机（也称走锭纺纱机）。纺纱机的一系列发明创新带来的纺纱生产率的提高对织布领域的产出带来了新的压力，1787 年，卡特赖特发明了动力织布机。在生产流程的两端，棉花处理和棉布处理的技术作为辅助创新也在相互促进中不断进步，如 18 世纪 50 年代梳毛机的使用、1793 年惠特尼发明的轧花机提高了棉花处理的效率，18 世纪最后 30 年，英国棉花使用量增加了 12 倍以上（哈巴库克和波斯坦，2002）。

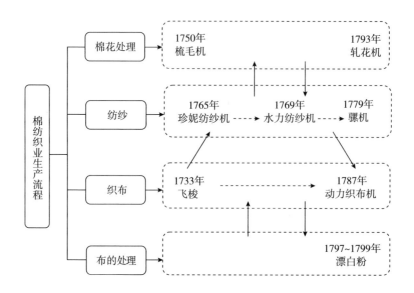

图4-2 棉纺织业生产流程及其相关发明、创新

资料来源：笔者绘制。

从图4-2可以看出只有当每个生产流程都通过持续的技术创新逐步采用动力机器后，棉纺织业的机器化才成为可能，这也意味着工业革命开始加速。从自动织布机的应用数量情况不难发现，织布机正是在各个工序的劳动生产率都得到提高后才加快了应用、扩散的速度，并且以飞快的速度发展，不到半个世纪，从1813年的2400架增加到19世纪中期的250000架，增加了103倍（见表4-3）。

表4-3 英国自动织布机的应用数量 单位：架

年份	1813年	1820年	1829年	1833年	19世纪中期
数量	2400	14150	55500	100000	250000

资料来源：Von Tunzelmann G N. Steam Power and British Industrialisation to 1860 ［M］. Oxford：Oxford University Press，1978.

棉纺织业的发展不仅是不同生产流程之间技术体系的协同发展，更包括了各技术体系内部的持续性改进及增量创新，如纺纱领域的技术改进：珍妮纺纱机提高了纺纬纱的生产率，阿克莱特的水力纺纱机纺出了结实的经纱，克隆普顿的骡机则可以同时纺出纬纱和经纱（麦迪森，2003）。这些发明创新构成了纺纱领域持续的增量创新或填补式创新，在持续的填补式创新过程中，纺纱生产率飞跃发展：珍妮纺纱机的产出相当于6~12个纺纱工人的产出，而到水力纺纱机的产出则相当于数百名手工纺纱工，这种生产率的显著提高已经显现出了用物力代替人力的明显优势。值得一提的是，生产率提高的同时，在纱线的密度、强度、粗细均匀度等方面，机器纺纱的质量也远高于手工纺出的纱（见表4-4）。

表4-4 持续创新中棉纺工业中的劳动生产率变化（加工100磅棉花的工时数）

代表性纺织技术	操作小时数（OHP）
印度手纺	50000
克隆普顿的纺机（1780年）	2000
100锭纺机（1790年）	1000
带动力的纺机（1795年）	300
自动纺机（1825年）	135

资料来源：克里斯托弗·弗里曼，罗克·苏特.工业创新经济学［M］.华宏勋，华宏慈，等，译.北京：北京大学出版社，2004.

18世纪之前，在某些工序中的部分环节出现了一些机械化作业以及工具的改良，如1598年发明的一种针织机、17世纪发明于意大利的将细丝纺成线的丝织机等。但是这些小的增量改进并没有引起纺织业劳动生产率的显著提高。一方面，由于这些技术创新本身并没有引起单个工序劳动生产率的巨大变化，难以对其他关联工序产生提高生产率的明显压力；另一方面，由于生产组织形式以作坊式为主，各个工序之间相互独立且受信息流通的限制，不同技术改进之间难以形成联系紧密的反馈回路。这就导致这些技术创新之间、整个纺织技术系统没有形成一种累积性的、自我持续的技术创新，因此，纺织技术系统的整体协调性创新在过去的几个世纪缓慢，没有产生量子式跃迁的生产率变革。

由于我们的研究不是一部技术史的研究，所以不能对工业革命所涉及的所有技术演进过程进行详细的描述,仅以其中纺织技术的演进为例,来说明工业革命中技术创新群协同演进的特征:每次工业革命都是相互关联的技术集群协同演进的结果;每个技术系统又包含有不同层次的子系统;每项技术的演进都是在突破式创新基础上通过持续的增量创新实现商业应用的。

4.1.1.2 核心投入要素:煤、铁

第一次工业革命建立在蒸汽动力和机械化基础上,作为蒸汽来源的煤和制造机器的铁成为关键的核心投入。到了第一次工业革命的后半期,核心投入铁不仅被用于机械设备的制造,还被大量用于铁路建设。按照弗里曼和佩蕾丝对成为核心投入(关键生产要素)的三个条件,在工业革命进程中,煤和铁都充分表现出了以下特征:①相对成本的迅速下降。②长期无限的供应能力。③普遍应用的潜力。

(1)煤是蒸汽机普遍应用的能源保证。

无限供应的潜力。在工业革命之前,英国的采煤业已经发展到了一个很高的水平,1750年,煤产量已经从每年的700万吨上升到了每年的1.5亿吨,在还没有普遍使用蒸汽动力以前的历史时代,这已经是一个相当高的水平。与此同时,蒸汽动力的应用反过来又使采煤效率显著提高,使采煤业进入了一个新的历史时期:1800年,英国的煤炭年产量达1000万吨,占世界总产量的90%。

持续降低的成本。由于煤矿开采本身的技术创新速度缓慢,19世纪早期,煤价的下降主要是由于铁路在内的运输技术进步及其基础设施的建设,这也是因为煤生产的空间限制,导致煤的运输成本在其整个生产成本中占了较大比重,运输成本的降低也使煤的价格持续降低(见表4-5)。

表4-5　1800~1850年伦敦的煤价　　　　　　　　　单位:先令/吨

年份	1800	1810	1820	1830	1840	1850
煤价	46	38	31	26	22	16

资料来源:Von Tunzelmann G N. Steam Power and British Industrialisation to 1860 [M]. Oxford:Oxford University Press,1978.

普遍应用的前景。早在 17 世纪初的英国，煤就已经开始广泛应用于取暖、烹饪等日常生活，以及玻璃制造、染料、酿酒等方面。随着蒸汽机动力革命带来的机器革命，提供蒸汽动力的煤成为工业革命的基本能源保证，煤逐渐从生活领域进入工业生产领域。随着煤的普遍使用，每年煤炭消耗量不断攀升：从 1800 年的 1100 万吨上升到 1870 年的超过 1 亿吨，70 年时间年消耗量增长了近 8 倍。煤的使用是一个渐进的过程，也是多种因素作用的结果。早在工业革命以前，生活、冶铁所用热能源对树木的需求使森林资源并不丰富的英国迫切需要寻找新的热能能源，这种需求也促使英国开始使用矿物燃料代替植物燃料。煤作为第一次工业革命的核心投入，是支撑工业文明的关键资源，其重要性甚至使杰文斯认为英国凭借煤取得了工业上的霸权地位，进而认为由于英国煤资源的局限，其霸权地位必将衰落。这也从侧面说明了能源对于工业革命的重要影响。

（2）铁是实现机械化生产的材料保障。

金属冶炼技术的发展是工业革命实现机械化生产的基本保障。

无限供应的潜力。采煤技术、炼铁技术、锻造技术的不断改进、改良大幅度提高了铁的产量。如尼尔森的热风机在苏格兰地区的使用，使苏格兰的铁产量出现了大幅度的提升，从 1829 年的 29000 吨迅速增加到 1855 年的 825000 吨，相对于当时的经济技术条件，这种提高可以说是量子式的跃迁。1760 年前的 100 年时间，英国的铁产量最多增长了 75%，但是与之有交叉的下一个 100 年，得益于各种相关技术的改良，英国生铁产量在 1740～1848 年增长了 115 倍（见表 4-6）。1750 年时，英国的生铁进口量还是本国产量的两倍，但 1814 年时，其出口量已经反超进口量并且是进口量的 5 倍以上，19 世纪中期，英国的生铁出口量从 1814 年的 5.7 万吨增加到了 1852 年的 103.6 万吨。从表 4-6 的数据可以看出，工业革命之前，铁的产量增长缓慢，随着工业革命开始后蒸汽机的应用及机器化生产，拉动铁快速上升，尤其是工业革命后期随着铁路建设的兴起，铁的产量一直保持较高的增长速度。

持续降低的成本。炼铁工序中，鼓风机与高炉的持续改进、改良使生产每吨生铁所投入的煤炭量大幅下降，来自南威尔士地区的数据显示，1791～1830 年，

新工业革命与经济新旧动能转换的路径研究

表 4-6　英国的生铁产量

单位：吨

年份	产量	年份	产量
1740	17350	1830	678417
1788	68300	1835	940000
1796	125079	1839	1248781
1806	258206	1848	1998568
1825	581367	1852	2701000

资料来源：哈巴库克，波斯坦.剑桥欧洲经济史（第六卷）——工业革命及其以后的经济发展：收入，人口及技术变迁［M］.王春法，张伟，赵海波，译.北京：经济科学出版社，2002.

每吨生铁的煤炭消耗从 8.0 吨下降到了 3.5 吨。其中 1829 年在苏格兰首次使用的尼尔森的热风机可以节约焦炭燃料的 1/3、煤炭燃料的 2/3 以上。

普遍应用的前景。战争年代对铁的需求迅速增长，进入和平年代以后，机器对手工劳动、体力劳动的代替使铁在生产、生活中具有了广泛的应用：从发动机、机器及其零部件到水管、煤气管道和农业生产工具，尤其是第一次工业革命后期铁路的建设，铁快速向整个经济领域蔓延，普遍应用于各个领域（见表4-7）。

表 4-7　铁的部分用途

采矿铁轨	鼓风筒
水车的齿轮和其他零部件	餐具
1760 年卡伦铸造厂的第一铸铁嵌齿轮	钟表和仪器
完善的水车	桥梁
轮船的锚和铁链	壁炉和火炉
军需品和武器	运河上的水闸用的机械
化工业的容器和导管	各种工业用的滚轴
冶金和建筑业的铁锤和其他工具	纺织业
采矿和建筑用的铁铲和铁镐	始于 1795 年的多层棉纺厂和仓库用的铁架
钉子	铸铁的水管和水箱

续表

采矿铁轨	鼓风筒
铁犁和其他农具	烹饪器具
各种类型的蒸汽机	家具
矿井升降设备	装饰物品
井泵	—

资料来源：克里斯·弗里曼，弗朗西斯科·卢桑. 光阴似箭——从工业革命到信息革命［M］. 沈宏亮，主译. 北京：中国人民大学出版社，2007.

（3）要素结构的演变向第一次工业革命输送了工业劳动力。

英国第一次工业革命的要素结构变化经历了两个阶段：农业部门向工业部门的转变，机器的使用对手工工人的需求量的下降。

在要素结构方面，英国第一次工业革命首先表现为劳动力从农业向工业的转移，工业的出现要求经济必须向工业输送大量的工业劳动力。从英国工业革命期间农业人口外移数据可以看出，随着工业革命的发展，农业外移的人口比例不断增加，但是，从总就业人口数量的变动来看，英国工业劳动力的增加并不仅仅是来源于农业人口绝对数量的外迁，还有收入水平提高带来的自然出生率增加所带来的新的就业人口的增加。随着工业革命的进程，英格兰地区农业劳动力所占比例从 1705 年的 35% 降低到了 1870 年的 14%，苏格兰地区的农业劳动力所占比例从 1775 年的 50% 下降到了 1870 年的 17%（布劳德伯利和奥罗克，2015），从农业劳动力就业比例的变化可以看出，工业革命的发生必须有适应技术变革、产业变革的劳动要素支持（见表 4-8）。

表 4-8　1751~1851 年英国工业革命期间就业人数变动情况

年份	总就业人口数（百万）	10 年期	每 1000 农业人口平均外移人数
1751	3.3	1751~1760 年	2.00
1761	—	1761~1770 年	1.80
1771	—	1771~1780 年	1.61

年份	总就业人口数（百万）	10 年期	每 1000 农业人口平均外移人数
1781	4.0	1781~1790 年	4.95
1791	—	1791~1800 年	4.18
1801	4.8	1801~1810 年	7.87
1811	5.5	1811~1820 年	11.90
1821	6.2	1821~1830 年	14.90
1831	7.2	1831~1840 年	9.96
1841	8.4	1841~1850 年	4.38
1851	9.7	—	—

资料来源：彼得·马赛厄斯，M.M. 波斯坦. 剑桥欧洲经济史（第七卷 上册）[M]. 徐强，李军，马宏生，译. 北京：经济科学出版社，2004.

要素结构的变动从宏观上表现为就业的产业结构，但是从微观来看，要素结构更具体表现为适应不同技术的技能结构、职业结构的调整。以手工织工的减少为例。由于自动织布机对手工织布机的明显效率优势，在第一次工业革命后半期，手工织工的数量开始进入下降时期：19 世纪 20 年代到 30 年代，手工织工的人数最多达 25 万人左右；随后的 20 年，锐减到 4 万人；接下来不到 20 年时间，则只有 3 千人（哈巴库克和波斯坦，2002），这不仅要求对劳动技能的要求从"织工"向能够操作使用自动织机的技能结构调整，也要求原来手工织工的工人应该调整技能重新找到匹配的工作。

4.1.1.3　适应新技术系统的机械化生产方式及工厂制生产组织形式

（1）生产方式：机械化生产对人力劳动的替代。

在第一次工业革命之前，所有商品的生产、制造成本主要来自劳动力和原材料，因此成本几乎都是可变的，而第一次工业革命机器的应用使成本越来越多地沉淀为以机器等固定设备形式存在的固定成本。与此同时，18 世纪，交通便利的地区已经被纺织工业开发殆尽，英国纺织工业在地理上进行扩张的可能性已经接近极限，而英国工业革命早期的机器很多都是价值不高、不很完善的木制发明。

随着工具机、蒸汽机的不断完善，用机器代替人力劳动的机器化生产显示出卓越的经济潜力。虽然存在路径依赖及旧有范式、传统范式利益者的抵抗，但是机器生产所带来的生产率及经济优势使这些抵抗力量显得无力且渺小，机器生产的方式需要生产场所由家庭、手工工场进入能够使机器良好运转的工厂。机器的使用带动了对动力、能源的需求，而机器运转对动力及能源的需求已经超出了家庭生产或作坊式生产所能够提供的水平。

（2）能为机械化生产带来更高组织效率的工厂制生产方式。

第一次工业革命不仅开启了机器生产及机器生产新机器的时代，更重要的是，它把机器集中在一起，使它们互相结合而系列化了，在一个简单的屋顶下，形成了工厂（托夫勒，1996），不同于手工作坊的生产方式，这种机器化生产方式不仅是生产方式的变革，也引起了生产组织的变革。工厂这种生产组织方式，使一些分散的工序集中在一起，这使不同工序之间创新的联系更紧密，这样任何一道工序或工艺的改进对其他工序、工艺的影响会立即表现出来并使其他工序、工艺做出相应的协同改进，不仅实现了不同工序之间的创新协同，而且，协同创新所显示出的经济潜力也加快了这些技术创新在整个经济中的渗透。

工厂生产体系的采用，不只是由于其带来的利润率较高，更重要的原因在于原来的以手工业生产为基础的生产体系出现了危机。工厂体系一旦建立就体现出自身的发展规律：包括从运营资本投资转向固定资本投资、操作的协调、轮班制和劳动分工（Von Tunzelmann，1978）；无论是否投资新机器设备等固定资本，都必须关注流动资本；在原材料运输存货和向市场供应商品等过程中耗费的时间意味着，削减运营成本是进行基础设施投资的主要动机。

第一次工业革命早期，个体企业家和雇员人数小于100人的小型手工作坊是市场竞争的主体。在机械制造业中，技能成为一种因相对稀缺而重要的生产要素。因此，像瓦特和博尔顿这种技能与资本的结合成为一种有利可图的结合方式扩散开来，合伙关系成为一种比较普遍的商业合作范式，在冶金工业领域更为普遍。合伙开始出现，它成为技术发明者和金融管理者之间合作的主要方式。对于创业的企业家，本地化的资本供给、富裕个人的投资是其业务发展的主要资金来源。

英国工业革命的完成伴随着工厂制度的建立,工厂制度在整个经济变动模式中具有重要地位。和手工作坊相比,工厂能促进更高的投资率,从而导致更高的经济增长率;和农业生产以及手工作坊生产相比,工厂这种依靠机器为生的经济主体,更可能对机械改良产生兴趣。从这个角度来看,工厂筑起了一座通向发明与创新的桥梁,而这种现代意义上的工厂制度首先盛行在英国。

4.1.1.4 基础设施从水路、公路系统到铁路系统的发展

(1) 水路、公路系统通过发展贸易、便利煤的开采运输为第一次工业革命的发生提供了前期的基础设施保障。

人们往往把工业革命和铁路、蒸汽机联系起来,但是,从19世纪三四十年代开始,它们才被广泛用于煤矿以外的其他领域,第一次工业革命发生之前主要依赖水力、运河和不断改善的收费公路。随着煤的广泛应用,相对煤的价格来说高昂的运输成本成为煤普遍使用的瓶颈。水路运输比陆地运输更适于像煤这样的大宗货物,这种优势在铁路没有普及之前的17世纪初尤为明显。但是随着浅层煤矿的枯竭,离港口或航道远距离的煤矿开采对公路交通提出了需求。

17世纪中期开始,英国公司、部门就持续地并且越来越多地投资于水路系统、公路、桥梁的建设。1750年,英国能够通航的河流达1000英里以上,同时期的半个世纪内,英国平均每年通过8个关于收费公路法的法案。1760~1780年,英国水路和公路已经将北部主要工业中心与米兰德、伦敦及大西洋地区连接起来。

一方面,水路可以以低价运输大宗货物,海外贸易中大宗货物的运输需要航运的发展;另一方面,英国的地理位置使其在水运方面具有自然优势,国内贸易的发展也通过水运。因此,英国在第一次工业革命过程中,虽然航道、运河、收费公路等成为重要的基础设施,但是由于运河运输的成本低于公路运输成本,前者相当于后者的1/4~1/2,因此,运输仍以水路运输为主,公路主要从事客运服务以及邮件、制成品的运输。铁路则仅是作为天然河流和运河口岸这两种内陆运输网之间连接的运输方式,是与两种运输方式共生的一种补充、辅助交通方式。

（2）使商业运输效率实现革命性提升的铁路是第一次工业革命发展的关键基础设施。

第一次工业革命后期，水路交通的速度缓慢、运行时间的不定期、季节变化限制（结冰期）、所达区域的限制等因素使水路逐渐不能适应贸易的日常化、资本货物工业的发展需求。因此，铁路在后来的工业革命中迅速发展起来。铁路的发展打破了原材料、燃料供应来源的远距离对工业产生的发展瓶颈，其长距离运输的费用不仅逐渐降低成为经济可行的运输、交通方式，且其相对水路运输具有的速度快、时间相对准确的优势使其成为适应工业发展所需的交通运输方式（见表4-9）。

表4-9　英国铁路营运里程　　　　　　　　　　　　单位：英里

年份	营运里程	年份	营运里程
1843	1952	1847	3945
1844	2148	1848	5127
1845	2441	1849	6031
1846	3036	1850	6625

资料来源：哈巴库克，波斯坦．剑桥欧洲经济史（第六卷）——工业革命及其以后的经济发展：收入，人口及技术变迁［M］．王春法，张伟，赵海波，译．北京：经济科学出版社，2002.

铁路的发展带动了银行业、冶金业的发展，或者说，铁路的发展需要银行业、冶金业的协同发展支撑。当铁路建设到一定程度后，一方面，铁路公司的规模逐渐扩大，业务量、财务量、雇佣员工数量不断增大，其财务、运营等管理模式已经不能再沿袭原来运河或收费公路的运营模式，需要组织模式进行相应变革；另一方面，铁路发展到一定程度后，统一的铁路网成为客观要求。由于铁路干线、辅助线路的重叠，重复建设带来了成本提高，同时，不同铁路公司宽度不同的铁轨对铁路机车的不同要求等，使统一、标准化问题成为铁路发展面临的瓶颈。因此，19世纪40年代起，掀起了铁路公司合并的浪潮，尤其是在1849~1854年和1860~1866年。1844年以后，赫德森公司创办了统一的铁路网，1846

年，对采用标准铁轨的要求通过议会立法的形式确立下来。铁路公司的大规模合并浪潮，使原来铁路公司之间的竞争开始让位于对铁路的协调。从大的铁路系统来说，铁路运行的物理设备由铁轨和机车组成，铁轨和机车都是与冶金行业的发展密切相关的，铁路业成为冶金业一个稳定的、巨大的需求市场。

与此同时，铁路作为基础设施，不仅降低了货物、商品的运输成本，同时也因为扩大的市场规模便利了交易，降低了经济交易成本。以美国为例，得益于铁路发展，1873~1884年，从芝加哥到纽约的小麦运费从每蒲式耳33美分下降到了13美分（哈巴库克和波斯坦，2002），降幅达60.6%。当铁路运输逐渐发展并展示其综合优势后，对公路运输的依赖消失了，收费公路随即消失，并逐渐沿着铁路支线的方向发展。与此同时，水路运输虽然放弃了客运和邮件运输业务，但是开始集中力量来改善大宗商品的运输。

铁路与电报的协同发展。铁路与电报复合线路的系统性价值。铁路机车的长距离运行及不同线路之间的调控、铁路时间表准点率的提高离不开电报网的支持。从1839年电报第一次进入铁路运行到1848年半数以上的铁路公司拥有自己的电报系统再到1869年邮政局买下所有电报线，电报网开始成为一种基础设施。

在技术经济领域，英国的工业革命由一个创新集群推动，其中既有基本创新，又有增量创新，这些创新主要建立在以铁为核心投入、水轮机提供动力、运河为重型材料提供廉价运输、收费公路方便人和轻便商品运送、占主导地位的棉纺织业的快速增长，以及伴随一系列机械创新的新工厂组织模式等的基础上。这个创新集群不可能在其他任何地方引入和取得成功，因为只有英国才产生了特别有利的政治和文化变化契合——其中，适宜的制度框架是关键（见表4-10）。

表4-10　第一次工业革命的技术—经济范式

主导技术、主导产业	核心投入	生产方式、组织原则	基础设施
蒸汽机；纺织技术；工具机；冶铁	煤、铁	工厂制；机械化生产	运河、航道、收费公路、水力、港口、铁路

资料来源：作者整理。

4.1.2　第一次工业革命中制度创新与技术—经济范式的协同演化

18 世纪 70 年代开始的蒸汽机工业革命使英国最早由人力进入了机械化时代，也由此开启了世界工业革命的历史。英国能够成为第一次工业革命的发源地，除了资本主义制度的较早确立及殖民制度积累的大量财富外，专利、金融、土地、工厂等方面的制度创新也发挥了关键的作用。

4.1.2.1　促进技术创新的制度

（1）产权制度建立了技术创新的激励机制。

道格拉斯·诺斯和罗伯特·托马斯在《西方世界的兴起》一书中，认为第一次工业革命之所以发生在英国，主要原因是英国的制度框架为经济增长提供了一个适宜的环境，尤其是以专利制度为代表的产权制度。明晰的产权通过界定经济活动主体的选择集合及相应收益，为经济活动主体提供获取收益的依据或条件。排他性的产权制度不仅可以为每个人的专有权提供有效保护，还可以降低单个技术发明者对其发明创新活动所带来额外收益把握的不确定性，从而刺激发明者为了获得个人收益最大化而进行可以促进经济增长的技术发明、技术创新。

英国是世界上专利制度萌芽较早的国家。1449 年，一个名叫约翰的人以彩色玻璃制造方法获得为期 20 年的垄断权。据史料记载，这是第一件英国发明专利。1624 年颁布的《独占条例》（有的文献也翻译为《垄断条例》《垄断法》）被马克思·韦伯认为是和创造发明有关的一项积极改革，没有这项专利权法的刺激，对于 18 世纪纺织工业领域内资本主义发展具有决定性的那些创造发明就未必会有可能。这标志着英国专利制度的最终形成，也为世界各国现代专利法奠定了基础。此后，英国专利制度经历了一个平稳的发展过程。1852 年颁布的《专利法修改法令》，对专利制度彻底改革，规定了发明专利的获得程序，第一次明文规定专利申请必须提交专利说明书，并在规定期限内予以公布。据统计，1660~1750 年，英国的科技成就数量约占世界总数的 40%（王章辉和孙娴，1995）。专利法的刺激促使在 18 世纪下半叶，焦炭炼铁法、纺纱机、织布机、蒸汽机、转炉炼钢技术、铁路和火车、各种工作母机相继涌现，成为英国工业经济迅速发展和社会全面变革的强大推动力。

随着专利制度的建立，一套鼓励技术变化、提高创新的私人收益率使之接近社会收益率的系统的激励机制也被确立起来。在此之前，虽然也有新技术不断地被开发出来，并且发明有时也能得到奖励，甚至有政府赞助人们去探索新技术，但步伐缓慢，时有间断。主要的原因在于对发展新技术的激励仅仅是偶然的。而英国专利法的实施，意味着一套鼓励技术变化，提高创新的私人收益率使之接近社会收益率的系统的激励机制被确立起来。并且，比专利法本身更重要的是一个非人格的法律的建立和实施，这个法律要保护和执行界定产权的契约。（诺斯，1994）

（2）各种学术组织的成立为技术创新提供了良好的学术环境。

16~19世纪，英国出现了培根（1561~1626年）、牛顿（1642~1727年）、波义尔（1627~1691年）、胡克（1635~1703年）等近代科学的先驱，这些推动英国工业革命的关键人物的出现很大程度上得益于英国推动科技发展的各种学会等学术组织的成立。英国于1660年成立了皇家学会，1754年成立了工艺制造业和商业促进会（后更名为皇家工艺协会），18世纪下半叶成立了伯明翰新月会和曼彻斯特文哲会等学术团体，这些团体在促进学术交流、技术进步和培养技术人员方面起到了积极作用。皇家工艺学会为解决生产中的瓶颈问题，曾多次奖励技术发明者，最新的科学知识较早地渗透到中等阶层和生产领域，使英国在技术革新、机器的发明和运用方面走在了世界的前列。18世纪下半叶，焦炭炼铁法、纺纱机、织布机、蒸汽机、转炉炼钢技术、铁路和火车、各种工作母机相继涌现，成了英国工业经济迅速发展和社会全面变革的强大推动力。

4.1.2.2 为工业发展提供良好融资环境的财税、金融制度创新

英国的财税、金融制度变革是英国资本原始积累的有力杠杆，也为大工业的生产提供了良好的融资渠道，为其工业革命的发生创造了适应的经济环境。

在金融方面，1694年根据英王特许英国成立了英格兰银行，主要目的是为政府提供贷款，英格兰银行成为各国中央银行体制的鼻祖。英格兰银行在贷款给政府的同时创造了一种信用凭证制度，即一种以见票即付为特色的流动现金票

据。除英格兰银行外，1825 年地方银行已超过 600 家，地方银行和英格兰银行形成的金融网络，促进了银行券、信用券、支付手段的发展并催生了新的金融服务，促进了工业的发展。此外，工业管制的衰败和行会权力的下降使劳动力得以流动和经济活动得以创新；资本的流动受到合股公司和英格兰银行的鼓励，它们都降低了资本市场的交易费用。最重要的是，国会至上和习惯法中所包含的所有权将政治权力置于急于利用新经济机会的那些人的手里，并且为司法制度保护和鼓励生产性的经济活动提供了重要的框架。

在财政税收方面，17 世纪以前的英国政府收入主要来自税收和借债。但是自 1215 年的大宪章对国王的征税权作了明确限制后，未经议会批准国王无权征收新税成为不可违背的原则，因此，英国的税收来源主要来自关税，并且征税机制主要采用的是包税制。1604 年，关税的包税公司在英格兰建立起来后，成为政府和借债一样重要的收入汲取机制。

在借债方面，政府的主要借债对象是大金融家和金匠，由于当时政府信用较低，这种借款往往是以土地或税收为抵押并且要支付高额的利息，尤其是 1672 年的国库止付事件，又进一步降低了原本就不高的政府信用，使政府借款越发困难。

同期，为争夺海上霸权，从 16 世纪 80 年代（英国和西班牙大海战）到 17 世纪 50~70 年代（英荷战争、英国战争）战争不断，由此导致政府面临严峻的财政危机，急切需要财政金融改革。在财政税收方面：1671 年，关税的征收由包税制转为公共征收；1683 年，取消包税制；税收国有化的同时，1660 年后原来作为临时性收入的税收逐渐常规化，税种也由原来的以关税为主发展了消费税、财产税、所得税等税种，税收逐步制度化。

4.1.2.3　向工厂输送劳动要素的相关制度

18~19 世纪，议会圈地立法赋予了圈地运动合法权利，导致了大规模的圈地运动，圈地运动将土地变化为资本的同时，还使大量的自耕农和佃农失去了土地，他们中一部分成为租佃农场的农业工人，一部分流入城市，成为雇佣劳动者，为工业革命提供了大量的劳动力。圈地运动不仅提供了劳动力从农业向工业的转移，同时，圈地运动引致了农产品价格的抬升，进而提高了生活成本，这种需求压力也产生了对提高生产率的新技术的需求。

4.1.2.4　其他制度环境

开放、自由的贸易环境。英国通过废除封建的商业特权和行会制度，形成了自由竞争的市场机制，促进了劳动力的自由流动和经济活动的创新。18世纪的英国，商业经营很少或较少受到传统或制度方面的限制。一方面，英国国内没有同期法国的地区关税壁垒或繁多的封建税收，这有助于英国发展出当时欧洲最大的统一市场；另一方面，经营环境自由、宽松，产品生产者、商业经营者可以在任何地方出售他们愿意销售的东西，相互之间能够进行基于价格、信誉等方面的公平竞争，使经济中的资源配置效率较高，这也是18世纪英国商业比较发达的原因。这种商业氛围为工业革命的发生逐渐积累起了资本基础、技术力量等。英国还比较重视商业阶级的诉求并予以反应。英国也更擅长于以低廉的价格及时向国外市场提供他们所需要的商品。出口的增加加强了对产品标准化的要求（而不是差异化，这与收入水平决定的消费需求层次有关）。对外贸易对纺织工业的拉动。在航海优势方面，英国更注重获得贸易优势及殖民帝国的建立。

4.2　第二次工业革命的技术—经济范式及制度创新

从19世纪70年代开始，至第一次世界大战以前，发生了第二次工业革命。第二次工业革命时期，尽管新兴工业几乎在所有工业化国家迅速扩张，但扩张方式非常不均衡，特别是英国慢于德国和美国。18世纪80年代到19世纪70年代曾经非常有利于英国工业增长的制度和社会框架，这时证明对19世纪晚期的新兴工业和技术来说并不太适合。美国和德国成为第二次工业革命的主导国家，因此，本节我们以美国和德国为例来考察第二次工业革命是如何在技术—经济范式与制度框架协同演进中发生、发展的。

4.2.1　第二次工业革命的技术—经济范式

第一次工业革命前后建立的工业（煤、铁、纺织业）出现了报酬递减，同时伴随新的技术要求和布局模式迅速兴起了新工业和新技术。铁路的发展带动钢铁业的发展，铁路网将铁轨换成了钢轨，造船业也将铁板换成了钢板；同时，新兴钢材与有色金属合金、金属及其合金制品的新工业应用范围大大扩展，包括新兴的电力工厂、从铁塔到发电机等新设备；新兴的电器工业也要消耗大量的铜来制造电缆、电线和其他各种设备，相应地，铜业和其他制造有色金属的工业及重化工业一样，经历了电解工艺带来的革命；铜和其他金属消耗之所以能够大量增加，是因为世界范围内运输基础设施的改善和新的原料供应的发现；世界电器工业中领先的大企业，为了控制大规模全球化经营率先进行了管理技术创新，其经营建立在诸如设计、研发、簿记、市场营销和人力资源等职能专业化分工的基础上，推行了组织和管理创新。

4.2.1.1　第二次工业革命主导技术集群的创新演化

（1）第二次工业革命是电力电报、内燃机、石油技术群协同发展的结果。

第二次工业革命的发生发展主要是三大技术创新集群的协同演化：电力电报技术、石油技术和内燃机技术。其中电力电报技术的发展是以 1831 年法拉第提出的电磁感应定律为科学基础的，电力的应用是该技术发展的主要标志，其重要意义甚至也被看作是第二次工业革命的主要标志。围绕电力应用的各种技术发明、创新，如电动机、发电机及远距离输电技术的协同演进，为第二次工业革命大工业的发展提供了新的、更便捷的动力。新动力的经济效益及展现的经济潜力使使用电力逐渐成为工厂生产中动力选择的最佳实践，接下来对电力需求的膨胀产生了对发电、输电等大规模基础设施的需求，越来越多的发电站和完善的电网逐渐建设，新基础设施的完善又进一步推动了对电力应用的需求。与此同时，围绕发电、输电的机器、设备等相关产业、工业部门也逐渐在与电力主导技术的协同发展中建立、发展。

电磁理论发展的另外一个分支是电报机的发明，电报机的发明和使用使人类的通信能力发生质的飞跃，通信的发明方便了铁路系统的中央调度，促进了铁路系统调度运行的准确率，为铁路系统的发展奠定了基础。

电力和重型机械的发明、创新不仅直接带动了本部门的发展，更促进了相关产业如化工、造船、电力机械等新兴产业的发展。其中，一个重要的原因是作为核心投入的钢，在炼钢技术的渐进式创新中，钢的冶炼成本持续下降、供应充足，促进了其作为核心投入的上述相关产业、部门的发展。电力向各个经济领域扩展的好处，不仅取决于 19 世纪 80 年代的几项关键创新，还取决于一种新范式、类型以及生产和设计哲学的发展，这种新发展涉及机械工具、操作设备和其他生产设备的重新设计，也包括许多工厂和工业的重新布局。因为电力传输和各地的发电能力为工厂和工业带来了新的自由。这次范式变化类似于当前基于互联网和信息技术的范式变化和早期以蒸汽动力为基础的工业机械化。

内燃机的发明和大量价格低廉的石油使汽车业在第二次工业革命后期成为主导部门。这两个因素直接导致内燃机汽车在与电动汽车和蒸汽汽车的竞争中胜出。到 20 世纪 20 年代，内燃机汽车完全占领了汽车市场。此外，由于福特成功引入了大规模生产技术，使得 T 型车的价格急剧下降，从 1908 年的 850 美元降至 1913 年的 600 美元、1916 年的 360 美元，同时，T 型车的市场份额从 1909 年的 10% 增至 1921 年的 60%。之后，随着美国工业技术和管理技艺在世界范围内的成功扩散，第二次工业革命的新技术—经济范式得以建立并扩散。

相比第一次工业革命由纺织技术、蒸汽技术推动的工业革命，第二次工业革命的技术集群范围更广，其中一个重要原因是社会知识的拓宽，不仅深化了技术的发展，更加强了不同技术之间的错综复杂的联系，因此，第二次工业革命中，技术创新集群的演化更体现了工业革命是以一系列彼此联系的技术创新集群为前提的，它们构成了更加复杂的、开放的技术经济系统，并在不断协同演进中拓展各自的应用潜力。从第二次工业革命以后，这种趋势将会越来越明显，工业革命影响的范围也将越来越宽。这也成为越来越难以统一界定不同工业革命界限的重要原因（见图 4-3）。

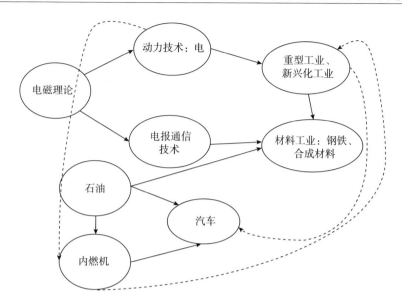

图 4-3 第二次工业革命中相互联系的技术创新集群

资料来源：笔者绘制。

（2）电力、电报技术在持续的增量创新中扩散为通用性技术。

发电技术基础创新与增量创新的协同演进实现了发电、输电能力量子式提升，扩大了电能应用范围。1819 年，丹麦物理学家汉斯·奥斯特在自然统一性哲学观点的推动下，第一次把电、磁现象联系起来（电、磁现象的分别研究，在物理学中已有很长的历史了），发现了电流的磁效应。在奥斯特发现的启发下，1831 年法拉第发现了电流磁效应的逆效应——电磁感应定律。依据这两项理论发现，1832 年皮克希发明了发电机、1837 年雅可比发明了电动机、斯坦利 1885 年发明了变压器、特斯拉 1888 年发明了交流电机并广泛使用。随着电机技术的发展，电能应用范围不断扩大，因而开始了发电站的建立及电力传输技术的发展（陈筠泉和殷登祥，2001）。电力动力技术的发展推动了重工业的技术创新，重化工业也引致了合成材料技术的创新。

电报机技术在基础创新与增量创新的协同演进中使信息传递速度大大提高。1810 年德国的 S. T. 冯·泽默林第一个证明了电报机的可能性，1837 年，英国的威廉·库克,发明了五针式信息传送机,美国人萨缪尔·摩尔斯,发明了以其名字命名的摩尔斯电码,从而使单针式信息传送机成为可能;1851 年,汤姆森克兰普顿公司铺设了第一根海底电缆,使用电磁技术来传输信息使得信息传递速度得到了大大提高(见图 4-4)。

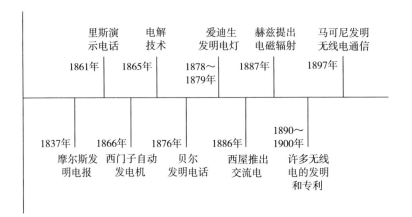

图 4-4　1861~1900 年电力科学技术的部分增量创新

资料来源:笔者总结绘制。

4.2.1.2　核心投入要素:钢、石油

第二次工业革命的核心要素投入是钢和石油。

(1)运用钢或合金钢设计大型项目、生产新产品成为工业制造的"常识"。

钢铁是无数工业制品、机器设备生产制造中主要的制作材料。早在第二次工业革命之前,生产中就已经出现了钢,但是由于冶炼等相关技术的限制,生产出来的钢质量不稳定且生产成本较高。19 世纪 50 年代以后在冶金方面出现了一系列的增量技术创新,如贝西默的转炉炼钢技术、西门子的平炉炼钢技术、解决脱磷问题的托马斯工艺等,这些增量创新的演进结果不仅大大提高了钢铁生产率,也使钢的品质大幅提升,使钢铁业快速发展起来:1880~1913 年,美国的钢产量从 100 万吨跃升至 3100 万吨,英国钢产量从 130 万吨增加到 770 万吨,德国从 70 万吨增加到 1890 万吨。钢产量的快速增长带来了价格的持续下降,钢轨价格从 1865 年每吨 165 美元下降到 1870 年的每吨 107 美元,短短 5 年时间下降了

35%，之后持续下降。1870～1930年，除去价格指数因素，钢轨价格下降了70%（见表4-11）。高品质、低价格的钢的大规模生产，使其逐渐代替铁成为铁路轨道的主要材料，钢轨铁路开始逐渐代替铁轨，钢相较于铁的优越性也使其代替铁成为首选的金属材料投入。钢成了影响工业、服务部门等各个部门创新浪潮的核心。运用钢或合金钢设计大型项目、生产大大小小新产品成了常识。

表4-11　1870～1930年美国钢轨价格

年份	钢轨价格	消费价格指数	钢轨价格/消费者价格指数
1870	107	38	2.82
1875	69	33	2.09
1880	68	29	2.34
1885	29	27	1.07
1890	32	27	1.19
1895	24	25	0.96
1900	32	25	1.28
1905	28	27	1.04
1910	28	28	1.00
1915	30	30	1.00
1920	54	60	0.90
1925	43	53	0.81
1930	43	50	0.86

资料来源：克里斯·弗里曼，弗朗西斯科·卢桑.光阴似箭——从工业革命到信息革命［M］.沈宏亮，主译.北京：中国人民大学出版社，2007.

（2）使用石油成为能源使用的一般性"常识"。

石油最初是用于照明、取暖的主要原料，受石油开采、炼油技术水平的限制，石油工业在第二次工业革命前发展缓慢，全球石油产量在1862年时仅为300万桶。随着石油开采技术、炼油技术的增量改进，石油品质逐渐提升，作为燃料的优势越来越明显，围绕石油生产的一系列技术增量创新的结果推动了石油工业的巨大发展，石油产量在1939年达2.1亿桶，随之而来的是石油价格从19世纪60年代的高位降到了20世纪60年代的较低水平，相应地，汽油的成本1910～

1960 年几乎降低了一个数量级，石油成为占主导地位的大规模生产模式的核心
投入品，第二次工业革命进入了发展、成熟期。在第二次工业革命后期，世界石
油产量也一直处于高速增长态势（见表 4-12）。

表 4-12　1862~1973 年的世界原油产量

年份	原油产量（10 亿桶）
1862	0.003
1939	2.1
1950	3.8
1960	7.7
1973	20.4

资料来源：克里斯·弗里曼，弗朗西斯科·卢桑. 光阴似箭——从工业革命到信息革命［M］. 沈宏
亮，主译. 北京：中国人民大学出版社，2007.

4.2.1.3　适应大型组织的标准化生产方式与科学管理

20 世纪的生产力增长有许多是对生产技术和工业过程完善的结果，但是生
产组织的规模以及生产的准确性通过标准化生产、科学管理，使新的组织形式有
了更大的提高。这些管理、组织创新扩散与技术创新扩散相互作用，成为第二次
工业革命的重要特征。

（1）铁路公司的发展向其他大型企业提供了中央集权的管理范式借鉴。

铁路当时与其他企业比较起来是庞大的。由于铁路运行的需要，铁路运行初
期，铁路公司对票价、运行时间表等进行了标准化处理。为了实现运行时间的标
准化，铁路公司首先对铁路线上的工作进行了作业同步化的制度安排。逐渐扩大
的公司规模要求公司必须设置专业的职能部门处理越来越多的专业工作，如资金
管理、人力管理等部门。为了能够实现对规模巨大的公司的有效运行，必须有一
个中央指挥部门对各种资源进行调度、管理，铁路公司逐渐发展出了一套行之有
效的中央集权的管理制度安排，并成为越来越多的日渐成长起来的大型公司的
模范。

（2）科学管理带动了劳动分工与职业经理阶层的兴起。

泰勒的科学管理强调专业化分工的效率，这种专业化分工的潜在经济收益结合大规模生产的发展，根据职能、工作内容进行专业化分工成为公司管理的普遍常识性选择，除了不同操作工序的劳动分工，公司内部更开始出现专业的成本核算、生产控制、销售、设计、人力资源等职能部门。同时由于教育、培训的发展，管理职能日益为大规模公司所重视，催生了职业经理阶层的兴起，使管理职能专业化，管理成为企业成功的一大重要要素。

4.2.1.4　基础设施：铁路与电网

（1）铁路为美国、德国工业发展提供了全国性的市场。

第二次工业革命孕育期，美国财政部长汉密尔顿和德国经济学者李斯特注意到铁路建设对国家经济的重要意义，于是，加快发展铁路建设是美国和德国对英国的追赶的首要目标之一。1830~1850年，短短20年的时间，德国和美国的铁路里程数实现了质的飞跃：德国从1835年的6公里发展到1850年的5856公里，铁路里程扩张近1000倍；美国从1830年的37公里发展到1850年的14518公里，扩张了近500倍。全国铁路网络的建立，形成了全国性的市场，便利了商品、货物的运输（见表4-13）。

表 4-13　1830~1850 年早期实业家建设的铁路里程　　　　　单位：公里

年份	德国	美国	年份	德国	美国
1830	—	37	1843	1311	6735
1835	6	1767	1844	1752	7044
1836	6	2049	1845	2143	7456
1837	21	2410	1846	3281	7934
1838	140	3079	1847	4306	9009
1839	240	3705	1848	4989	9650
1840	469	4535	1849	5443	11853
1841	683	5689	1850	5856	14518
1842	931	6479			

资料来源：Tylecote A. The Long Wave in the World Economy：The Present Crisis in Historical Perspective [M]．London：Routledge&Kegan Paul. 1992.

（2）电网促进了大规模生产范式的扩散。

基础电网的建立使电器工业成为第二次工业革命的主要增长引擎之一；在第二次工业革命后期，电力作为一种遍及每家企业和每个家庭的普遍服务，作为公用事业起作用，成为大规模生产革命得以扩散的关键性基础设施。

第二次工业革命的动力来源从蒸汽动力逐渐转向电力，随着电力技术的发展，电力得到普遍应用的前提是输电系统的建设。从 19 世纪最后几年开始，电力拥有了自己的动力输送系统。欧洲的第一座公共发电站是 1881 年由西门子兄弟公司在英格兰的戈伐尔明建造的。随后的 15 年中，整个西欧又建起了其他发电站，但其中大部分是以市场为导向的地方性电站。20 世纪初，输送电流的电压可以高达 10 万伏，而且区域分配的高压输电网主体已经建立，发展大型一体化的动力区成为可能。德国在发电方面逐渐居领先地位。成立于 1900 年的莱茵 - 威斯特伐里亚电气公司是当时德国最大的电力生产商，该公司的发电量从 1900 ~ 1901 年的 270 万千瓦跃升到 1910 ~ 1911 年的 12170 万千瓦以及 1915 ~ 1916 年的 38800 万千瓦。与之相比，1891 年，当奥斯卡研磨机公司和瑞士企业布朗博维里公司将 225 千瓦电力成功输送时已经是一个突破了，可见，德国的电力网络基础设施建设在欧洲走在了最前面。

第二次工业革命的技术—经济范式可以概括为：以电力为主要动力，燃料由煤逐渐转向石油，产品生产制造广泛使用钢等新型材料，复杂机器的普遍推广使大规模生产成为主要生产方式，在大规模生产中标准化生产是一种降低成本的有效方式，大规模生产使管理成为重要的要素，成为企业成功必不可少的条件。这是第二次工业革命时期大部分企业运行所参考的常识性法则（见表 4-14）。

表 4-14 第二次工业革命的技术—经济范式

主导技术、主导产业	核心投入	生产方式、组织原则	基础设施
电力；化学；石油化工；汽车、电话、电报	钢铁、石油	标准化生产；规模经济；垂直一体化；职能专业化	铁路系统、全球电报网络、电网、石油管道网络、交通网络

资料来源：笔者整理。

4.2.2　第二次工业革命中制度创新与技术—经济范式的协同演化

作为后发国家的美国、德国，之所以在第二次工业革命中后来居上，实现赶超，产业保护、技术创新、金融及教育等方面的一系列制度创新起到了关键性作用。

4.2.2.1　在移植英国专利制度基础上的专利制度创新

专利权制度是美国从英国移植过来的一项刺激科学发展的重要措施。后来居上的美国于 1790 年开始先后颁布了一系列的法律文件，对知识产权进行保护。知识产权制度保护了发明人的产权，并将其与经济效益挂钩，极大地激发和保护了人们科学发明的热情。1900 年以后，任何一年里颁发的专利数量都等于或超过 1860 年之前美国历史上的专利总和。在 19 世纪后期赶超阶段，仅 1.2 万项农业发明专利就使农作物从备耕到收获的每个环节几乎都实现了机械化或半机械化。

美国国会为了鼓励发明创造，在宪法中作了明文规定，为促进科学和有用技术（有用技术的含义是指技术知识及其有用的应用）的进步，保障作者和发明人在一定时效内对其相应的专著和发明享有专有权。但是，美国也在原来移植的基础上做了些创新、修改和补充。根据宪法的规定，美国国会在 1790 年通过了第一个专利法，此后 1870 年对专利进行了一次较大的修正和补充，在原来的专利法的基础上进一步扩大了专利权。直到 1980 年历经 9 次修改和补充，形成了一套包括效用专利、设计专利、作物专利三个方面的详细立法。知识产权受到保护，极大地调动了发明创造的积极性。那就是手续简化、详细规则，并且完善，在利益刺激方面下功夫。西方各国都有专利法，但就立法之详尽，执行认真来说，美国是比较突出并卓有成效的。与此同时，美国又很注意防止滥用专利法而扼杀竞争。所以在专利法之外还有 19 世纪后期政府实施的不公平竞争法以及反托拉斯法与之相配套，以发挥相互制约的作用。

林肯高度评价了美国的专利制度对美国经济发展的作用。他认为专利制度是在天才的创造火焰中添加了利益这种燃料。从 19 世纪下半期，美国的科学技术革新和发明在美国资本主义发展政策的强大刺激下，不仅很快赶上了欧洲最先进的国家科学技术，而且兴起了新工业革命，领先于世界各国，使世界科技中心开始向美国转移。恩格斯在 1881 年 6 月就说过，美国正处于推广工业已成为全国需要的发展阶段。这一点可以由下列事实充分证明：在发明节约劳动力的机器方面，走在前面的已不是英国，而是美国。美国的发明每天都在代替英国的专利品和英国的机器。美国的机器转入英国，而且几乎是所有的部门。

4.2.2.2 促进新技术产业化的科技研发制度

专利制度虽然在一定程度上通过对产权的保护激励了发明、创新行为，但专利制度对发明创造和技术创新的"导向性"、产业化作用不显著，为此，美国、德国进一步建立了有利于实现产、学、研紧密结合的科研制度，尤其是实验室制度，使研发活动紧紧围绕生产进行，大大缩短了研发及技术创新成果实现产业化、商业化和市场化的时间，如德国的西门子实验室和美国的杜邦实验室等。到 1914 年，美国工业实验室和研究所已有 365 个，拥有近万名科技人员。这些科研机构直接为生产服务，科研项目主要是生产中亟待解决的课题，一旦新技术、新设备、新产品研究成功，立即在生产中应用并转化为现实生产力，使两国表现出惊人的科技成果转化效率。1851~1900 年，重大的科技发明与革新，德国有 202 项，英国 105 项，美国仅 1860~1900 年就达 67.5 万项。实验室制度使技术发明的方式由经验型转向了实验型，促使技术发明的数量和质量都得到了质的飞跃，是技术史上的重大制度变迁。至 19 世纪末 20 世纪初，科学技术中心已由欧洲转移到美国。德国也是世界第二次工业革命的故乡，德国人不仅发明了发电机、电炉（1870 年）、奥托式煤气发动机（1876 年）和电车（1879 年），而且在此基础上，于 19 世纪 60 年代开始建立了电力、化学和精密机器制造等新兴工业部门。两国在科研成果转化制度方面的创新使两国引领了第三次工业革命浪潮，为第二次工业革命的发生发展提供了坚实的技术基础，并大大促进了两国工业革命的发展和深入。

4.2.2.3 为新兴工业培养高素质劳动与技术人才的教育制度创新

随着产业革命的不断深入，教育的重要性越来越突出。比之英国，美国、德国较早地意识到了教育对国家未来发展的重要性。美国在义务教育普及和推广大学教育方面采取了一系列的制度措施：1787 年的《西北法令》在美国兴起了拨地办学；1918 年，美国 48 个州都颁布了义务教育法令，初等教育普及率达 90% 以上；《莫里尔法案》促使一批理工科大学和农业大学产生等。在 1862～1957 年这一阶段，美国的高等教育立法随着社会的政治、经济等改革而进行。在高等教育立法方面出台了一定数量的、涉及范围较广、内容多样的高等教育法律。如有促进高等职业教育发展的《史密斯—休斯职业教育法》等一系列法案，有解决退伍军人就业方面的《1944 年军人再适应法》，有联邦政府为加强对全国教育宏观管理方面的《教育部法》等。它们不仅为高等教育发展提供了法律武器，而且为社会政治、经济改革及工业革命起到了保驾护航的作用，逐步形成了美国高等教育立法的特色。

此外，美国高等教育对产业需求有着快速的反应能力，如麻省理工学院于 1882 年设立了电机工程方面的第一门课程，第二年康奈尔大学也引入电机工程方面的课程并且在 1885 年就授予了这个学科第一个博士学位。大力兴办职业和技术教育则是德国教育改革的重要方面，其中对职工的补习教育尤其重视。除了为 15～17 岁的青年建立职业学校、传授职业专业知识外，在 1823～1830 年，为了培养具有专长的技术工人，德国还在柏林、萨克森等地设立了建筑、冶金、纺织和工艺美术等中等专业学校。先进的教育、职业培训制度为德国和美国的工业革命提供了高素质的劳动力和关键技术人才，尤其是德国，高素质的专业工程师和化工业的化学家逐渐成为管理文化的主流，他们长期影响着生产的发展和投资战略。自此至今，高素质技术应用型人才队伍一直是德国制造业居于世界前列的重要条件。

4.2.2.4　促进新兴产业发展的金融制度创新

金融制度创新为两国第二次工业革命中新兴产业的发展提供了巨额的资金支持，对两国工业革命的推进发挥了重要作用。美国的金融制度创新一方面体现在取消对银行进入的限制，另一方面则是证券市场的建立及发展。1837～1860 年，美国各州相继实行了自由银行制度，取消了进入限制，美国商业银行的数量从

1820 年的 307 个增加到 1861 年的 1601 个，1914 年更是飙升到 27236 个，形成了在当时相当发达的银行体系。1817 年纽约证券交易所成立，股票的公开发行使社会闲散资本汇集流向企业，在 1878 年的 54 家上市公司中，铁路公司和煤矿公司分别为 36 家和 5 家，还有 4 家电报公司和 4 家运输公司，这些行业正是美国产业革命的新兴产业与关键行业（见图 4-5）。19 世纪 50 年代以后，与工业关系密切的投资银行大量出现是德国银行业制度创新的重要方面。商业银行和投资银行相互结合，以中央银行为其后台，通过投资股票向大工业企业参股、控股并行使表决权，甚至直接参与企业的兴建、管理。在金融机构支持下，德国工业企业有了较为充足的资金供给，能够较快地吸收新技术和更新工业设备，从而使德国工业后来居上，实现了对英国和法国工业的赶超。

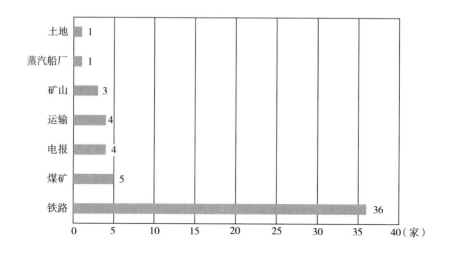

图 4-5　1878 年美国上市公司数量分布

资料来源：笔者总结绘制。

4.2.2.5　适应大型集团的企业组织制度创新

第一次工业革命时期，大多数工业企业都是业主式企业，资本家创办一家企业，所有权和经营权合一，这是因为第一次工业革命时期的机器技术并不复杂，所需的固定资产规模还很小。随着技术的进步，机器使用的扩大，特别是蒸汽机大规模使用后，固定资产规模大大扩大了。单个资本不能适应大机器工业的发展，股份公司制度被引入工业制造业。当股份公司制度进入工业制造业以后，资本规模又进一步扩大了，技术进步速度进一步加快了，出现了大型企业和资本集中现象，从而造成了垄断。特别是在美国，出现了石油大王洛克菲勒、钢铁大王卡内基、汽车大王福特、铁路大王斯坦福等。这些"大王"们，既是工业革命的成果代表，也是工业化的助推者。正是这样，公司制度作为一个支点，"撬动"了资本主义市场经济和工业革命的大潮。

在生产组织及管理方面，以泰勒制为代表的科学管理制度和以福特汽车公司为代表的流水线生产是第二次产业革命时期的重要内容。泰勒制以生产作业管理制度的创新使工厂管理开始从经验管理过渡到科学管理，催生了企业的管理职能和管理阶层，专业化的管理充分发挥了资本、技术、劳动等要素的协同效应，生产效率出现质的飞跃；福特的流水生产线使标准化的工业制成品被大规模生产出来，其规模经济效应和范围经济效应显著提高了劳动生产率，规模巨大的市场也被相应开发出来。伴随泰勒制和流水线生产的普及，垂直管理的组织形式和大企业中的等级结构逐渐形成，为美国机器大工业的发展奠定了强有力的生产组织基础和市场保障。德国也在 19 世纪 60 年代末期通过推行工程师管理制度促进了管理与生产职能的分工，企业开始推行科学管理制度。此外，打破对公司经营规模限制的公司法修订、有助于企业融资的证券法等制度调整也为适应大规模生产的现代公司扫清了障碍。

4.2.2.6　工业保护制度与新兴产业政策在后发国家的第二次工业革命中起到了关键作用

作为后发国家的美国、德国，之所以在第二次工业革命中后来居上，实现赶超，除了技术创新、金融及教育等方面的一系列制度创新起到了关键性作用外，政府实行的一系列以关税等为主要的工业保护制度及以产业政策为主要方式的国家干预制度也起到了非常关键的作用。由于当时处于领先地位的英国推行自由贸易政策，对美国、德国等国的市场造成了极大冲击。对此，当时的美国财政部长汉密尔顿和德国经济学家李斯特都意识到建立贸易保护制度，发展本国制造业和战略性新兴工业的重要性。以关税为主要内容的工业保护制度为两国制造业等工业的发展创造了时间，并积累了发展所需的资本；以产业政策作为主要方式的国家干预制度使两国率先引入了电力电气、化学、钢铁、铁路运输等战略性新兴产业，确保了在新兴产业发展中的领先地位，并由此大大推进了两国的第二次工业革命。

4.3 第三次工业革命的技术—经济范式及制度创新

第三次工业革命开始于第二次世界大战以后，由以 20 世纪初狭义相对论和量子力学、20 世纪 40 年代控制论的建立为其标志的科学革命为其前导，而以电子计算机为其主要标志，主导国家是日本和美国，为了体现我们历史考察的多样性、为我们的理论框架检验提供更多的实际例证，第三次工业革命我们以日本为主要考察对象。

4.3.1 第三次工业革命的技术—经济范式演化

第三次工业革命是信息工业革命引起的技术创新对宏观和微观经济结构和运行模式产生重大变革后所形成的全新经济格局。该范式的主导技术群落是以电子技术、计算机和互联网为代表的现代信息技术，其核心投入是芯片。

4.3.1.1 第三次工业革命主导技术群的创新演化

（1）第三次工业革命主导技术群的创新演化。

第三次工业革命是半导体技术、电子计算机技术、电信技术协同发展的结果。电子技术是以电子运动为基础、以电子器件为核心的有关技术的总称，它在 20 世纪四五十年代兴起是由多种因素促成的。19 世纪后半期建立了电磁理论，它的一个发展方向就是向微观发展，即转入对电子运动规律的研究。这些真空电子管用于电路，带来了无线电波发射与接收的迅速进步。这在两次世界大战中发挥了巨大作用；反过来，战争的需要又推动了电子技术的进步。电子技术下一步决定性的发展是晶体管的研制成功，晶体管的出现是半导体物理及其技术的产物，而后者又是以研究微观粒子运动规律的量子力学（1926 年建立）为理论基础的。晶体管与电子管的电子学性能相近，但具有体积小、寿命长、耗电省等突出优点。因此，晶体管很快就取代了电子管并带动了电子技术的迅速发展。晶体管之后，半导体技术发展成微电子技术，相继使集成电路、大规模集成电路问世。集成电路具有微型化、低能耗、高可靠性及成本低等优点，从而为电子技术的普及与广泛应用开辟了极其广阔的天地。

在第二次工业革命（19 世纪）后的机器生产体系中，控制系统在机械装置上加上了电磁器件及设备（传感器等）。因此，控制系统复杂化了，功能也多样化了，但电磁控制系统由于存在体积大、速度慢、灵敏度低等缺点而没有广泛使用和普及。以电子技术为主导技术的第三次工业革命，在电子技术、控制理论、传感技术、机械技术综合的条件下，使生产过程实现了自动化（见图 4-6）。

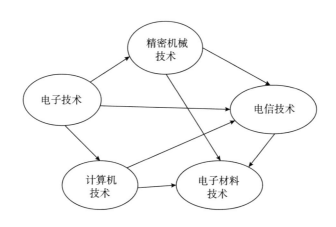

图 4-6　第三次工业革命的电子技术体系

资料来源：笔者绘制。

（2）电子计算机技术、电信技术在增量创新中成为主导技术。

世界上第一台电子计算机诞生于 20 世纪 50 年代，但由于材料、技术水平的限制，量产、推广使用难以实现。直到 1971 年英特尔微处理器的问世等后续一系列的增量创新，电子计算机最终在 20 世纪八九十年代出现价格剧降，设计、性能和用户界面也在填补式创新中不断改进，企业、学校、个人用户才得以普遍利用廉价的计算机服务。到 1997 年，美国个人电脑拥有量超过 1 亿台，欧洲超过 5000 万台，日本达 2500 万台。电子计算机出现后，与半导体技术、微电子技术的发展相配合，不断地改进与发展，至今，已经历了五代（见图 4-7）。

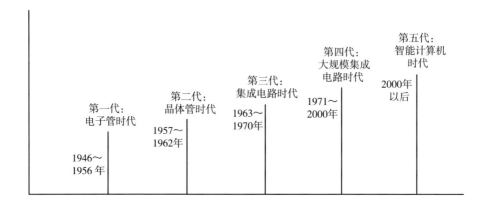

图 4-7　电子计算机技术的发展

资料来源：陈筠泉，殷登祥．科技革命与当代社会［M］．北京：人民出版社，2001.

4.3.1.2　芯片的大规模、低成本生产极大促进了半导体和计算机工业的发展

第三次工业革命的核心投入要素是芯片（集成电路）。1971～1972 年，英特尔公司对微处理器的开发是改变半导体工业和计算机工业的决定性事件之一，因为它意味着芯片上的计算机可以廉价地制造和大批量生产。根据摩尔定律，计算机芯片的容量大约每 18 个月增加一倍。大量器件组装在集成电路芯片上，大大降低了计算机等电子消费品和资本品的成本，其功能也大大改进（见表 4-15）。

表 4-15　20 世纪 50~90 年代芯片部件集成程度

时间	集成程度	元件数（个）
20 世纪 50 年代	小规模集成	2~50
20 世纪 60 年代	中等集成	50~5000
20 世纪 70 年代	大规模集成	5000~100000
20 世纪 80 年代	特大规模集成	100000~1000000
20 世纪 90 年代	超大规模集成	>100 万

作为关键生产要素的集成电路芯片，其性能按摩尔定律飞速提高，但其单位计算能力的价格却不断下降，带动了生产方式、组织形式等一系列的变革。

4.3.1.3　通信网络是电子技术、计算机技术发展的基础设施保障

电子技术、计算机技术的快速发展依赖于通信网络。而电信业在第三次工业革命中也获得了飞速发展，其中一个重要因素是电缆承载能力的革命性改进（见表 4-16）。在电信技术发展初期，由于依靠细铜线，电话系统需要越来越宽的电线传输激增的负载量，20 世纪 70 年代的光纤技术使光纤电缆相比之前的传统电缆负载量上升了几个数量级，将这一传输系统从宽度限制中解放出来。海底电缆每语音信道的年成本从 1970 年的 10 万美元迅速下降至 2000 年的几十美元。这直接推动了 21 世纪初互联网技术在世界范围内的爆炸性扩张。以互联网为基础实现的计算机和电信相结合，进一步使信息服务在世界内得到了快速传播。

表 4-16　第三次工业革命的技术—经济范式

主导技术、主导产业	核心投入	生产方式、组织原则	基础设施
半导体； 电子； 信息通信	芯片	分散式网络生产；全球化；产品异质性、多样性、适应性；扁平化组织	全球数字通信、无线电网络

资料来源：笔者整理。

4.3.2　第三次工业革命中制度创新与技术—经济范式的协同演化

日本借助于第三次工业革命实现了经济的快速振兴，并于 20 世纪 70 年代一

跃成为仅次于美国的全球第二大经济体。在这一过程中，同样是制度创新发挥了重要作用。早在明治维新发生后，日本便开始尝试完全移植欧美的发展模式和制度，但导致了政府严重的财务危机。在这种条件下，日本开始探索一条在借鉴欧美经验基础上适合本国实际的制度创新发展之路，并于20世纪初基本实现了工业革命。"二战"失败使日本经济遭受重创，战后经过十年的恢复和准备，1956年日本开始继续通过制度创新振兴国民经济，并于20世纪70年代中期基本实现了高度的工业化。1973年和1979年的两次石油危机进一步刺激日本产业发展政策由重化工业转向以计算机、生物技术、新材料等为代表的知识密集型工业，并顺应以信息技术为代表的第五次工业革命的浪潮，开始了日本的新工业革命。

4.3.2.1　紧跟全球技术前沿的科技研发制度创新

"二战"后初期，日本技术进步的主要途径是技术引进或对引进技术消化吸收并加以改良的反向工程，这种技术进步方式对日本在机动车及优化生产流程等方面快速追赶欧美国家起到了积极作用，但在追赶目标实现后，由于缺少独创技术，无法引领技术前沿，使日本缺乏持续发展的动力。此外，日本的研究开发主体由民间企业主导，而对于缺乏资金、规避风险的企业来讲，技术创新偏好于见效快、风险小的实用技术，对尖端技术的研究需求不足。为应对第五次工业革命的挑战，引领第三次工业革命，日本于1980年提出了技术立国目标，开始对科技研发制度进行改革、创新。如1981年开始实行的创造科学技术推进制度和下一代产业基础技术研究开发制度。其中，下一代产业基础技术研究开发制度是主要在超导、新材料、生物技术、新功能器件及软件五个领域选择那些通过理论和试验证明的产业技术课题，组织产（企业）、学（大学）、官（政府）三方面的力量开展合作研究，使之达到实用化的水平。在产学官合作研究方面，流动科研制度起到了重要作用。在流动科研制度下，企业、大学和政府的优秀人才临时集中，共同完成特定科研项目后返回各自单位，科研成果由科研人员及所在单位共享，既发挥了研究人员的主动性，也调动了私人企业的积极性。

此外，新领域研究制度、电子通信新领域开发制度和以保健、医疗、卫生等领域为研究对象的厚生科学研究费补助金等制度在20世纪80年代也相继推出。

这些科技研发制度的创新不仅使日本建立了从基础理论研究到应用研究、开发研究的技术开发体系，而且促使日本占领了第五次工业革命的技术前沿，掌握了引领第三次工业革命的核心技术。

4.3.2.2　及时调整新兴、紧缺技术人才的教育、培训制度创新

自明治维新时期开始日本就尤其重视教育，在 20 世纪 70 年代对未来产业发展方向做出规划后，对教育领域进行了及时、适时调整，为第三次工业革命奠定人才基础。课程设置方面，日本高中、大学在 20 世纪 70 年代末、80 年代初就已经普遍开设计算机原理及其应用的必修课和选修课，传授硬件和软件方面的系统知识。同时，为了促进计算机知识的普及，日本政府开始举办全国性电子计算机知识考试并明确规定，合格者由政府发给统一证书并在求职时享有企业的优先录用权。同时，在大学增设与超导、新材料、生物技术、新功能器件及软件等先进领域有关的专业并不断扩大招生规模。以电子和电机工程专业为例，1969~1979年，毕业生人数大幅度增加，1979 年远远超过了美国，如表 4-17 所示。

表 4-17　电子和电机工程专业毕业生人数比较　　　　　单位：人

年份	美国		日本	
	本科	本科、硕士和博士	本科	本科、硕士和博士
1969	11375	16282	11035	11848
1970	11921	16944	13085	13889
1971	12145	17403	14361	15165
1972	12130	17632	15020	16052
1973	11844	16815	16205	17345
1974	11347	15749	16140	17419
1975	10277	14537	16662	18040
1976	9954	14380	16943	18258
1977	9837	14085	17668	19257
1978	10702	14701	18308	20126
1979	12213	16093	19572	21435

资料来源：克里斯托夫·弗里曼.技术政策与经济绩效：日本国家创新系统的经验［M］.张宇轩，译.南京：东南大学出版社，2008.

企业培训制度方面，进入 20 世纪 70 年代后日本企业在产业培训的规模和质量方面一直处于领先地位，不仅会专门组织青年职工脱产或半脱产进修电子等新兴技术，并且很多大企业用来进行新产品和新流程开发的中央研发实验室在日常工作中也同时起着培训设施的作用。在由重化工业转向以计算机、生物技术、新材料等为代表的知识密集型工业中，教育制度改革重在解决第三次工业革命对新就业人员的需求问题，而企业培训制度则重在解决第三次工业革命对在职员工掌握新技能、新知识的需求问题。

4.3.2.3 以柔性制造系统为代表的适应信息时代的生产组织制度创新

柔性制造系统、综合商社和企业下承包制是日本第三次工业革命时期重要的企业制度创新。柔性制造系统是由统一的信息控制系统、物料储运系统和一组数字控制加工设备组成，能适应加工对象变换的自动化机械制造系统。所谓柔性，指它并不是只能制造一种产品，而是能制造数种不同品种、规格、大小的产品。虽然柔性制造系统的概念由英国提出，但是使其成功应用及发展的是日本的发那科公司。柔性制造系统是一种技术复杂、高度自动化的系统，它将微电子学、计算机和系统工程等技术有机地结合起来，理想和圆满地解决了机械制造高自动化与高柔性化之间的矛盾。完全能应用于比较复杂的生物工业、核能工业、新材料制造工业、空间和海洋工业等，是新的知识密集型自动化生产体制的核心。

日本的综合商社是一种以贸易为主体，集贸易、金融、信息、综合组织与服务功能于一体的跨国公司形式的组织载体，也是集实业化、集团化、国际化于一身的贸易产业集团。综合商社财力雄厚，经营范围广泛，从资源开发到高尖端技术，几乎涵盖了所有产业领域。由于财力雄厚，综合商社有实力涉足高尖端技术产业，并凭借其贸易产业集团的优势，帮助实现新兴技术的产业化。所以，在工业革命中，综合商社扮演着产业培育者的角色，不断培育新兴产业与公司。

日本企业的下承包制是以母企业为"塔尖"，下承包企业为"塔身"的垂直分工型生产组织形式。下承包企业以交易契约形式获得母企业的订单，母企业对下承包企业采取人事参与、技术指导、稳定交易关系等非价格行为，两者之间存在交易与组织双重关系。在工业革命中，下承包制可以使大企业在资金不足的条件下承担起产业结构变动中主力军的责任，而且可以其交易、组织关系使大企业牵引、提携中小企业进入高层次的生产空间，使中小企业的生产经营方向与产业结构变动方向保持高度相关。

除了上述制度，主银行制度，以产业政策、经济计划为代表的国家干预制度等也对日本战后工业革命的发生起到了推动作用。

"二战"后，日本在第三次工业革命中取得的巨大成就最根本得益于其制度创新，但其后由于在制度创新中的缓慢、停滞甚至出现了制度锁定，导致了日本经济的增长缓慢甚至停滞。日本制度创新的停滞不仅表现为延续以通产省为代表的政府通过经济计划、产业政策对经济干预的制度路径依赖，还表现在诸多微观领域：战后日本经济发展以追赶欧美为主要目标，在技术创新方面也是以追赶欧美先进技术为目标，曾一度推崇"反向工程"制度，抑制了首创精神；综合商社体制及主银行制度下的金融机构与企业交叉持股在工业革命初期可以通过培育、扶植新兴产业推动工业革命的发生，但完成历史使命后也会抑制竞争、降低企业效率，尤其是在东亚金融危机中，导致了金融危机在社会经济领域的蔓延；战后为企业注入凝聚力、促进企业发展的年功序列制、终身雇佣制则由于容易导致员工的竞争意识薄弱也面临着信息时代的挑战。

4.4　三次工业革命发生发展逻辑的比较分析

4.4.1　三次工业革命的共性特征

4.4.1.1　工业革命是各要素协同演化的结果

历次工业革命的标志性技术、代表性新事项都需要与其他要素结合才能够产生工业革命，这也是演化经济学的系统观点的体现。在一般研究中，虽然每次工业革命都常常以标志性技术、代表性新事象来指代，如用蒸汽机或机器的使用来代表第一次工业革命，用电力、石油或汽车的流水线来代表第二次工业革命，用半导体、计算机来代表第三次工业革命，但这些并不是工业革命的全部，这些新技术或新事项出现的本身也并不必然产生工业革命，它们还需要与其他要素结合才能够产生工业革命，这些相互结合的要素在相互促进中协同演进、推动着工业革命的发生、发展。第一次工业革命中矿物能源煤对植物资源木材的代替在当时使蒸汽动力有了更便捷、更丰富的燃料来源，机器制造和冶金技术的发展使蒸汽机的性能不断提升；公路、水路等基础设施不仅开拓了贸易市场，更降低了煤、铁等核心投入的成本，促使了新范式的扩散；而机器化生产对场地、动力、资本的需求超过了作坊式生产的范围，适应机器集中生产的工厂促进了机械化的推广。技术—经济范式的每一个要素、维度都是工业革命不可缺少的一部分，每一个要素的滞后发展都将成为工业革命发展的瓶颈。

4.4.1.2 制度创新在工业革命中发挥了关键作用

制度是一系列引导、约束、激励人行为的规则安排，不同的历史时期人类有着不同的经济目标、组织目标，引导人们采取有利于实现不同组织目标的制度适应性调整尤为关键。诺思等通过对四方世界兴起的研究，得出英国能够超过法国、西班牙率先实现工业革命的原因是较早建立起了适宜的制度框架，尤其是产权制度。但由于制度的路径依赖导致英国在面对第二次工业革命机遇时出现了制度僵化从而被美国、德国赶超。

英国的工业革命用了近 100 年的时间，美国、德国、日本却仅用其不到一半的时间就完成了工业化进程并超过了英国：1870~1910 年，英国在世界工业生产中的比重由 32% 下降到 14%，美国由 23% 增长到 35%，德国由 13% 增长到 16%（王章辉和孙娴，1995）。参阅历史文献我们会发现，当时的英国并不乏世界上最优秀的科学家，在新技术上最初也处于领先地位，之所以在较短的时间内就被美国和德国超过，其中一个重要的原因就是其在社会、文化、政治和经济等制度方面的僵化，旧制度阻碍了新制度的产生，导致了原生性的新技术发展受到抑制（贾根良，2013a）。而后起之秀美国、德国和日本，恰恰就是因为没有模仿先进国的制度，通过主动的制度创新大大缩短了工业革命进程并在持续的制度创新中成功实现了赶超。尤其是缺乏资源的日本通过制度创新较早实行了第三次工业革命，但同样令人遗憾的是，日本的第三次工业革命虽然得益于其制度创新，但其后由于制度锁定对既有制度的路径依赖导致了制度创新的停滞，使日本经济在 20 世纪 90 年代陷入了缓慢增长。如综合商社体制及主银行制度下的金融机构与企业交叉持股在完成历史使命后也会抑制竞争、降低企业效率，尤其是在东亚金融危机中，更导致了金融危机在社会经济领域的蔓延；战后为企业注入凝聚力、促进企业发展的年功序列制、终身雇佣制则由于容易导致员工的竞争意识薄弱也面临着信息时代的挑战。

4.4.2　三次工业革命的历史差异性

4.4.2.1　历次工业革命分别是特定历史条件下的产物

按照演化经济学的观点，任何事物都是历史发展阶段的产物，历史是重要的。虽然历次工业革命的发生有其共性，都是组成技术—经济范式的五个要素协同演化的结果，但是不同历史条件也赋予了影响每次工业革命的特定因素。除了上述五个因素，其他外部因素的影响也为工业革命的发生创造了一个不同的外部环境。对于第一次工业革命中的英国，很多研究更倾向于英国的工业革命是经济长期积累自然而然的结果，从而认为制度在英国工业革命中没有起到那么重要的关键作用。虽然我们的研究指出制度在每次工业革命中的重要性，但也不能否认英国当时的历史条件为其工业革命创造的有利环境。主要表现在殖民地及对外贸易的发展。在英国工业革命以前，英国通过海外殖民地建立了海上霸权，海外殖民地为其纺织贸易提供了巨大的市场需求，为英国工业革命积累了大量的资本；同时，英国凭借其海上霸权推行贸易自由化阻碍了其他国家贸易的发展。也因此，英国在工业革命后期将较多的精力放在维持海外贸易方面，但如 Perkins（1967）所言，商业的发展不会自然而然地进入或者必然会进入工业化，英国对贸易的重视导致对国内工业投资不足，这也是第二次工业革命时期发展后劲不足从而被美国、德国赶超的原因之一。

值得注意的是，英国第一次工业革命是人类工业化历史的开始，第一次工业革命是工业部门的出现，贸易扩展促成的资本扩大有助于初级工业化的形成，但是随着工业化的深入，能促成资本扩大的贸易扩展难以促成资本的深入，即重要的技术变化，因此，在第二次工业革命中，贸易、市场需求量的扩大无法再帮助促成第二次工业革命。对于第二次工业革命的美国、德国，其任务不仅是进入工业化，更是要在第一次工业革命的基础上进行工业化的深入，因此促进资本深化的技术创新将是其重点，政府重点不再仅仅是对商业贸易扩展的重视，而是对新兴产业、主导产业的扶持。此外，第二次工业革命、第三次工业革命的很多前沿技术来源于战争的需求或国家安全的需求，如通信技术、互联网的发展等。因此，不同的工业革命除了是各因素协同作用的产物，更有其特定历史时期外部环境的影响。

4.4.2.2　制度因素与政府干预发挥了越来越重要的作用

从工业革命发展历史来看，除了第一次工业革命中的英国是当时经济领先国家外，第二次工业革命、第三次工业革命的美国、德国、日本都属于通过工业革命实现经济赶超的后发国家。一方面，由于有先行国家的成功模式可以借鉴，这为政府干预成功提供了可能性；另一方面，后发国家赶超本身就意味着借助其他政策、制度手段，这为政府干预提供了理论依据。

英国在工业革命之前，由于已经凭借其殖民地、海外贸易成为世界经济领先国家，在贸易等方面相对于其他国家具有明显的优势，这种优势为国内产业的发展提供了有利的条件。而后发国家德国和美国由于经济的相对落后，在贸易中处于不利地位，为了避免对外贸易的劣势对国内工业发展的不利，均采取了以关税为代表的贸易保护制度以支持国内工业的发展。同时，借鉴英国的工业发展经验，美国和德国都发现了发展工业的重要性以及铁路在工业发展中的战略意义，采取了各种产业政策以推动新兴部门、新兴产业的发展。在产业政策应用中，日本产业政策的经济效果尤为显著。随着时间推进，各国初始条件变量对经济的影响渐小，制度相关变量的影响渐大（黄少安，2008）。随着社会知识技术的积累、经济等领域的发展，制度、政府干预的科学性将逐渐提升，这也为政府干预、制度创新提供了更广的发挥空间。

由于制度创新、政府干预等都是建立在对成功模范的借鉴之上，不仅可以通过制度作用、产业政策在研发时间几乎为零的条件下，实现快速的技术变迁，也可以快速发展新兴产业，从而加速工业革命进程，这也是工业革命周期呈现缩短趋势的重要原因。

4.4.2.3 制度变迁方式与制度作用方式不同

比较分析制度在英国、美国、德国和日本工业革命中的作用我们还可以发现，在英国这种需求主导型、诱致型的制度变迁过程中，制度创新主要是为经济主体创造一个有效率的市场环境，通过市场主体与市场环境的动态关系对制度不断进行调整、创新；而对美国、德国和日本这种供给主导型、强制型的制度变迁过程，制度创新则主要体现为：政府通过保护制度、产业政策等为新兴产业开辟市场、引导和带动工业革命的方向和领域；通过研发、教育、金融等制度创新推动技术进步、提供与新技术相匹配的要素、优化要素配置效率等满足工业革命对技术、要素的需求。需要指出的是，即使美国、德国、日本这样通过供给主导型的制度变迁（创新）成功实现赶超的国家，在引导、培育新兴产业推动工业革命发生发展过程中，市场机制仍然是资源配置的基础，尤其是微观领域，这是保持微观经济主体——企业具有活力、持续竞争力的制度基础。即在工业革命早期，制度创新应该以培育、扶植新兴产业为目标，而在工业革命中后期，制度创新则应该以培育良好的企业经营环境为目标。

第5章　以新一代信息通信技术推动山东省新旧动能转换的实现路径

　　当第三次工业革命的生产方式、组织形式、基础设施同技术创新协同演化、有机融合，第三次工业革命技术—经济范式的经济潜力充分发挥出来，这也意味着第三次工业革命的技术潜力已接近生命周期尽头。从主导技术发展来看，第三次工业革命时期的主导技术系统正在逼近其发展极限。以第三次工业革命的关键技术半导体、晶体管、芯片技术为例，由于物理性能的限制使摩尔定律正在这些技术领域逼近极限，沿着原有技术轨道进行的填补式创新、增量创新已难以找到生存发展的空间，而这恰恰也说明信息技术领域将要爆发一场新的突破性变革。而目前数字技术的发展，避开了物理世界的限制，基于数字技术的人工智能等领域的技术创新的集群式发展打破了摩尔定律即将终结的预言，人类进入了由新一代信息通信技术引领的第四次工业革命时期。

　　这场革命将深刻影响每一个国家和每一个行业。此次工业革命不是一个新产品或服务的出现，而是整个经济的系统性变革。引起这一次工业革命的技术不仅包括以大数据、云计算、物联网为代表的信息通信技术，还包括以无人驾驶交通工具、3D打印、高级机器人和新材料为主的物理方面的技术，新能源技术和生物技术创新也将成为第四次工业革命的重要内容。第四次工业革命的重要特征将是信息世界与物理世界的深度融合，将主要表现为信息通信技术及人工智能技术对各行业、各领域的渗透及相互融合。这种技术的跨界融合将使各种新技术的经济潜力得到充分发挥，从而引起工业、农业、金融、医疗等各领域的颠覆性变革。不同技术创新之间日益呈现深度融合的趋势，技术创新引发的新工业革命将不再局限于引起生产制造领域的变革，而将渗透到商品流通、服务业、商业模式等各个经济领域，包括消费模式、生活模式等社会生活的各个领域，这场革命将对经济、商业、政府、个人带来巨大的影响。

我国经济新旧动能转换正好与全球新一轮科技革命、工业革命交汇，在新的历史时期，如果山东省能够以更快的速度进入新的技术体系，就可以有效地培育经济的新增长点，在推动新一代信息通信技术的同时也能顺利地实现经济由旧动能向新动能的转换。

基于第3章建立的理论分析框架，我们可以知道，新旧动能转换是一个新技术经济范式建立、扩散的过程，第4章的工业革命历史考察也论证了这一点。基于此，山东省要顺利实现新旧动能转换，就要遵循由新一代信息通信技术所建立的新的技术经济范式，分别从主导技术、要素投入、生产组织变革、基础设施等方面协同推进。

5.1　新一代信息通信技术引领的第四次工业革命的主要内容与特征

5.1.1　第四次工业革命的相关界定

在分析新一代信息通信技术引领的第四次工业革命主要内容与特征之前，我们有必要对理论界关于第四次工业革命的进展先进行简单的梳理，以此帮助我们对于正在到来的新一代信息通信技术及第四次工业革命所要展开的技术—经济范式有一个初步的认识。需要说明的是，由于研究目的、研究视角的不同，目前缺乏对于工业革命、工业革命划分的统一性认识,因此,关于第四次工业革命的称谓显得多样化,既有第三次工业革命、第四次工业革命的概念,也有第二次机器革命、工业4.0的概念。但是从涉及内容来看,实际的指向均为本书所研究的第四次工业革命。为了尊重学者的研究成果,也便于感兴趣的读者查阅相关文献,本节在介绍相关概念时,采用了相关学者及相关实践使用的原概念。目前来看,关于第四次工业革命的界定,主要存在两种观点:第一种是从生产领域的制造技术的革命性变化来理解;第二种是从通信与能源技术结合的变革来理解。

5.1.1.1 生产制造技术与数字化技术结合的视角

第一种代表性观点来自英国的《经济学人》。2012年4月,英国《经济学人》发表了系列关于制造业和创新的专题报道,在其中一篇《第三次工业革命》的报告中提出随着制造业走向数字化,第三次工业革命正在加快步伐。在该篇文章的介绍中,第三次工业革命以制造业数字化为核心,内容将包括3D打印增材制造、使用机器人的智能制造、新材料等,基于这样的变化,生产将从大规模转向更加个性化的生产。世界经济论坛轮值主席施瓦布(2016)也从数字技术角度介绍第四次工业革命,在他看来,始于20世纪末21世纪初的第四次工业革命,是在数字革命的基础上发展起来的,主要特点包括:互联网的快速发展,在体积、性能、成本方面不断进步的传感器,人工智能技术的出现。除了技术扩散的速度与广度远超过前几次工业革命外,第四次工业革命的另一个重要特点是不同领域、学科之间技术的相互融合。施瓦布总结了驱动第四次工业革命的三大类技术:以无人驾驶交通工具、3D打印、高级机器人、新材料为代表的物理类技术,以物联网为代表的数字类技术和以生物基因工程为代表的生物类技术。来自数字技术前沿的美国麻省理工学院的布莱等(2014)在共同论著的《第二次机器革命》中,也是基于数字技术的发展,但是从机器革命的视角提出了人类正在面临着第二次机器革命。在两位数字技术科学家看来,蒸汽机开启的工业革命引领了人类第一次机器革命,随着数字化技术框架的基本成型,一个全新的基础环境和技术经济生态圈正在形成,我们已经进入了数字化带来的机器革命的时期,其特征是数不胜数的智慧机器和数十亿互联互通的智慧大脑结合在一起。德国工业

4.0专家乌尔里希·森德勒（2014）也从类似的角度明确指出现在是第四次工业革命，产品和服务借助于互联网和其他网络服务，通过软件、电子及坏境的结合，生产出全新的产品和服务。

在国内，中国社会科学院工业经济研究所关于"第三次工业革命"的系列研究成果也是这种认识的代表。如黄群慧和贺俊（2013）从工业生产所依赖的主导性制造系统的角度，用数字化、智能化和个性化来概括此次工业革命的制造技术特征，认为产生这次工业革命的新技术基础是人工智能、数字制造和工业机器人技术，内容是以数字制造和智能制造为代表的新主导制造技术系统对传统制造技术的颠覆。

5.1.1.2　信息技术与能源技术结合的视角

持第二种观点的学者相对较少，代表性人物是美国著名的未来学家杰里米·里夫金。里夫金（2012）发现，历史上的工业革命都是在新通信技术和新能源系统结合时期发生的，因此，在他看来，第三次工业革命就是新一代通信技术与新能源技术的结合，新一代通信技术即互联网信息技术，新能源技术即可再生能源技术。在里夫金的预测、判断中，新工业革命将围绕五个支柱展开：①向可再生能源转型。②将每一大洲的建筑转化为微型发电厂，以便就地收集可再生能源。③在每一栋建筑物以及基础设施中使用氢和其他存储技术，以存储间歇式能源。④利用互联网技术将每一大洲的电力网转化为能源共享网络，这一共享网络的工作原理类似于互联网。⑤将运输工具转向插电式以及燃料电池动力车。国内很多学者也将能源技术作为新一轮工业革命的重要组成部分，但往往是把能源技术和制造技术结合在一起，或者是把能源技术作为第四次工业革命的辅助技术。如国内学者周洪宇和徐莉（2013）认为，新工业革命的实质就是数字制造技术、互联网技术和再生性能源等技术的创新及其融合，融合的结果是社会的整体性变革。国务院发展研究中心产业经济研究部部长冯飞（2013）则用"一主多翼"来概括新一轮工业革命的特点，其中，"一主"即围绕生产制造的数字化、网络化、智能化生产，"多翼"则指新能源、生物技术以及新材料等新技术领域。此外，这个概括包含了主要技术创新随工业革命发展时间的演变过程，即未来20年间将主要表现为生产、制造的数字化、网络化、智能化,新能源等的革命性影响将出现在30~40年之后。这种认识同我国著名演化经济学者贾根良的观点具有很大的相似性。贾根良(2014)基于演化经济学的视角、结合康德拉季耶夫长波理论,认为第三次工业革命概念应包括信息通信技术和可再生能源技术,其中信息通信技术是第五次康德拉季耶夫长波所说的第三次工业革命上半段的内容,而可再生能源技术是第六次康德拉季耶夫长波所说的第三次工业革命下半段的内容,在贾根良看来,这两次长波构成了第三次工业革命。在其进一步的研究中,贾根良又结合马克思关于机器大工业和科技革命的理论,强调了智能化在工业革命中的重要作用,并提出了一个关键性的概念——智能工业革命(工业智能化),其本质是智能技术对各领域的全面渗透。

5.1.1.3 本研究基于技术—经济范式对第四次工业革命的界定

借鉴已有理论研究及目前第四次工业革命的进展,本书认为,第四次工业革命是基于信息、通信技术和物理技术创新融合与能源技术创新引起生产、服务、生活领域智能化变革的过程。其中,信息、通信技术和物理技术创新的融合是第四次工业革命前半阶段的主要内容,随着技术的进步,能源技术将在第四次工业革命后半阶段发挥重要影响。本部分对山东省通过新一代信息通信技术实现新旧动能转换的研究将着重于第四次工业革命的前半段主要内容即信息通信技术创新与物理技术创新的融合。

5.1.2 第四次工业革命的主要内容与特征

5.1.2.1 第四次工业革命的主要内容

第四次工业革命的主要内容包括:由大数据、云计算等组成的数字、通信等通用目的技术在生产、服务领域的普遍应用;结合新材料、人工智能技术的发展,生产服务领域实行以高级机器人应用为代表的智能生产、个性化生产等新型生产方式;数据、新材料成为核心投入;互联网、云计算平台成为新技术应用、扩散的关键基础设施;大规模定制、网络协同生产逐渐成为生产组织所选择的创新生产方式。

关于新能源技术，基于以下原因，本书认为新能源技术也将成为第四次工业革命的重要组成部分。一方面，传统化石能源正在引发日益严重的生态危机。自第一次工业革命以来，人类进行物质生产的能源基础是以煤、石油和天然气等为代表的化石能源，但化石能源的大量使用所产生的二氧化碳排放导致了温度上升、极端天气增多、北极冰层覆盖面积减少、海平面上升、冻土层融化等严重影响地球生态系统、人类生存环境的严重问题，这对人类继续使用化石能源提出了挑战。另一方面，传统化石能源正在面临日益枯竭的危机。作为不可再生资源，化石能源正在面临日益枯竭的危机：早在 2017 年的一份报道显示，按照当时的全球石油储量，还可开采 57 年，天然气还可以开采 55 年。在减少碳排放和资源枯竭的双重压力下，全球经济面临着用新能源替代传统能源的迫切任务，新能源技术创新将是人类社会生存与发展的必然选择。

　　但是从短期来看，能源技术将很难成为第四次工业革命的重要推动力量。第一，从单个经济主体的角度来讲，利用新能源减少碳排放的行为存在明显的外部性，导致微观个体甚至国家层面在使用新能源替代传统能源方面动力不足。第二，能源、环境问题与国家短期经济利益之间存在一定的冲突。2009 年 12 月在哥本哈根举办的世界气候大会上，各个国家均从不同角度为自己的碳排放寻求解释理由，发达国家与发展中国家互相指责，最终没能形成一份具有法律约束力的有效协议。随着气候问题的不断恶化，2015 年在巴黎举办的第 21 届联合国气候变化大会，因为谈判模式的转变，取得了一定成果，这为新能源的发展带来了乐观的预期，但 2020 年，作为全球第二大碳排放国的美国却退出了《巴黎协定》而缺席会议，全球能源合作前景不容乐观。第三，性能、技术方面的限制。由于短期内新能源在能源密度、转换效率等方面存在的劣势，短期内新能源的应用普及将难以实现。因此，能源技术的突破性变革及其扩散很可能将是第四次工业革命后期的重要内容，这与贾根良、冯飞等学者的认识基本一致。

5.1.2.2　第四次工业革命的主要特征

（1）终端智能化。

从产品角度来看，手机、可穿戴设备等移动智能终端开启了智能产品的时代，随着无人机、无人驾驶汽车的出现，未来产品都将可能是一部智能终端。这不仅要依托于信息、通信技术，更是深度学习技术的突破。尤其是对于电子产品来讲，未来更将是一个网络产品或者都将作为一种智能终端出现，这种人机交互方式或者说不同终端之间的交互方式，依赖于深度学习技术的突破，其技术基础仍然是信息技术、互联网、物联网。这种移动智能终端不仅提供原来的基础功能，还将提供包括软件、内容生成、分享等服务功能。

（2）城市智慧化。

城市智慧化，即智慧城市，终端智能化扩散至城市生活各个领域将出现智慧城市。数据作为关键的要素投入与基本的生产要素，将无处不在。由于物联网、大数据技术、云计算等信息技术的发展，经济、政治、文化各个领域都将建立自己的各种数据库，各个行业之间也将建立起各种云平台，从而通过各种平台融合、协同交互、共享数据并为数据的挖掘提供更多的基础信息数据，这必将支撑城市发展的智能化方向，从而形成智慧城市的发展态势。在由大数据、物联网、云计算、智能设备及人工智能技术支撑的智慧城市中，政府公共服务、城市交通、教育、医疗、环保、社会治安等城市生活的各个领域都将通过一个庞大的、相互交互的城市智慧系统互通互联，实现社会的智能化管理。

（3）行业的跨界融合。

由于不同领域间技术、知识的整合，第四次工业革命的创新将越来越表现为跨越多个部门的新技术集群、组合式创新集群的出现，如互联网—软件—计算机，新材料—人工智能等，这更加深了技术系统内部各要素之间的关联度，这种相互关联在技术之间表现为一种动态互补的过程，在行业之间则将表现为行业间的跨界融合。未来，随着信息、通信技术的发展，产品的内涵将延伸至体验、服务范畴，随之而来的是行业的跨界融合。

5.2　以新一代信息通信技术生态系统的协同创新引领山东省新旧动能转换

第 3 章基于技术—经济范式对新旧动能转换的理论框架分析，技术生态系统的协同演进是工业革命发展、新旧动能转换的技术路径，技术系统的系统特性决定了引领新旧动能转换的技术创新不是单一技术的创新，而是一系列相关技术的协同创新。同样，能够顺利形成实际的新动能，也不是单一技术的创新，而是一系列相关技术的协同创新。这些成群出现的技术创新相互关联、相互依赖，并以生态系统的形式组成了一个技术体系，这个技术生态系统的演化过程就是新技术—经济范式展开的最佳技术轨迹，也是新旧动能转换的过程。

因此，要实现山东省新旧动能转换，首先就要从新动能的根本动力——技术创新作为起点，了解新一代信息通信技术生态系统的构成，全方位推动系统内相关技术的协同创新，从而使新一代信息通信技术能快速普及推广至生产、生活领域，让技术创新真正形成新动能。

5.2.1　政府主导先行布局通用技术创新体系的研发与投入

通用技术创新作为基本技术创新，是一种对经济体系的很多部门都有着潜在而重要影响的深刻的思想或技术，具有创造巨大技术进步的潜能、与各种技术的整合性、技术应用的宽度、技术应用的广度四方面的特征。正是由于通用技术创新的这种特征，使通用技术创新能够随着时间的演进，催生大量的相关创新，从而成为工业革命的引擎，也是本轮新旧动能转换的根本性技术驱动力量。虽然通用技术创新具有巨大潜在经济效益也是动能转换的根本性驱动力，但是一般通用技术创新前期投入巨大，经济潜力需要技术扩散后同其相关技术协作才能发挥出来，具有显著的外部经济效应，对于这类通用技术创新，需要政府主导推动先行布局。政府推动提前先行布局通用技术创新体系，能为其他相关创新更早建立技术基础、推动相关技术的创新，从而尽快形成新技术扩散的最佳技术轨迹，即形成新动能。通用技术通过溢出效应，由其所在的原始行业扩散至其他传统行业，这些通用技术的应用将升级生产方式、产业结构，提升产业绩效和创新效率。

第四次工业革命是基于信息通信技术和物理技术创新融合与能源技术创新引起生产、服务、生活领域智能化变革的过程。无论是理论界还是实践界均作出这样的预判、界定，原因在于在信息世界与物理世界深度融合的不同层次已经涌现了大量的通用目的技术创新，并且这些技术创新展现了无限的应用潜力，是新一轮工业革命也即此次新旧动能转换的根本性技术驱动力量。从目前技术创新及应用前景来看，大数据、无线通信、人工智能等技术将是第四次工业革命、本轮新旧动动能转换的通用目的技术。

5.2.1.1 推动"信息"时代新发展的通用信息技术：大数据、云计算

大数据技术是新一代信息通信技术中的通用信息技术。根据 2011 年麦肯锡一份关于大数据的研究报告，大数据是指规模数量超出传统数据库软件工具的获取、存储、处理和分析能力的数据群，大数据的"大"不仅体现在数量，还包括数据的类型多样化，尤其是非结构化数据正在超过结构化数据成为构成大数据的主要组成部分。互联网将人们带入了真正的信息社会，数据、信息已经开始成为企业快速决策的重要基础；而智能技术中，智能的基础就是对大量数据的生产、收集、处理与分析，数据、信息开始成为与资本、劳动处于同等重要地位的必要投入要素，不仅应用于工业生产领域，还将逐渐深入渗透到金融、医疗、教育、城市管理等各个领域。就像麻省理工大学管理学院的经济学家埃里克指出的，在未来，对数据的收集、处理和分析，将取代传统的经验、直觉，成为决策者进行决策的基本依据。数据作为第四次工业革命的核心投入，大数据技术的发展将直接决定智能制造、产业互联网的产业化进程。以人工智能为例，阿里云研究中心专家田丰等就强调，在人工智能领域，制约重大技术突破的并不是针对数据算法方面的技术，而是来自数据质量的限制。深度学习能力的提升不仅取决于数据的数量，更取决于数据的精准度和质量水平。

云计算是大数据时代必备的技术平台，随着信息技术的发展，也将成为重要的平台型基础设施。根据美国国家标准与技术研究院（NIST）定义，云计算是一种按使用量付费的模式，这种模式提供可用的、便捷的、按需的网络访问，进入可配置的计算资源共享池（资源包括网络、服务器、存储、应用软件、服务），这些资源能够被快速提供，只需投入很少的管理工作，或与服务供应商进行很少的交互。其中，可配置的计算资源共享池既包括硬件的计算机服务器，也包括软件的应用软件等程序服务，还包括通信的网络服务及数据存储、数据处理、数据分析等信息服务。云计算的基本原理是将大量的分布式计算机取代本地计算机或远程服务器，成为计算的主要载体，计算服务可以随时、按需购买，尤其是对于企业来讲，无须投资购买专门的服务器，这实质上也是一种计算服务的外包。这种计算服务的外包，不仅可以为企业节约大量自建数据库、数据中心、系统程序的资本，还可以享受到专业化分工带来的高质量计算服务。有研究形象地将云计算与自来水类比，在自来水厂建立之前，个体用水是通过自建水井，而自来水厂的建立，不仅避免了水井的重复建设、实现了用水的按需获取、提高了水资源的优化配置，并且还通过专业分工推动了水处理技术的发展。云计算就相当于一个计算服务的"自来水厂"。我们只需像安装水龙头、接通自来水管道就能使用自来水一样，通过购买、使用一部网络终端、接入互联网，就可以享用云计算提供的服务。

5.2.1.2 促进万物互联的通用通信技术：无线通信技术、移动互联网

第四次工业革命的物物互联，在通信技术上要求向无线通信的方向发展。未来无线通信技术将沿着无线宽带、蓝牙技术和超宽带技术的方向持续创新演进。无线宽带技术以固定无线通信技术为基础，相比较其他技术，其优势是接入方式比较多；蓝牙技术其实是无线通信技术的延伸，适用于较短距离、小范围的无线通信，一般用于连接固定终端设备和移动终端设备，但随着智能终端化趋势，现在也用于不同移动终端之间的连接；超宽带技术则是以脉冲的形式进行传输，其基础是无线载波，最大优势是短距离内的高速率传输。目前，超宽带技术的高带宽、高速率、高安全性以及低功耗等显著优点使其在越来越多的领域内被广泛应用。

目前，全球 5G 网络商业化进入快车道，我国 5G 网络基础设施建设起步早，5G 基站规模位居世界前列，这也为通过新一代通信技术推动产业升级、优化奠定了坚实的通信基础设施基础。中国电子信息产业发展研究院、无线电管理研究所完成的《5G 发展 2021 展望白皮书》显示，2020 年 9 月底，我国累计建设开通的 5G 基站数量达到 69 万个，超过了当时全球总数的 75%。即使受到疫情影响，5G 基站建设仍快速推进，2022 年第三季度末，我国累计建成开通的 5G 基站数量达 222 万个，相比 2020 年 9 月底，两年时间增加了 221.7%，全球 5G 基站部署总量也才仅超过 308 万个，其中，美国约 10 万个（北京电信技术发展产业协会，2022）。

随着我国 5G 基础设施建设的不断推进，5G 与各行业融合应用场景也逐步全面打开，新一代信息通信技术扩散所依托的最佳商业模式也将协同演进、不断完善，成为实现新动能的微观主体（见表 5-1）。

表 5-1　部分省份 5G 基站建设情况　　　　　　　　单位：万个

省份	现有 5G 基站数	基站规划数
北京	6.3	6.3（2025 年）
天津	5.0	5.0（2022 年）
上海	6.0	7.0（2025 年）
重庆	7.3	15.0（2025 年）
浙江	15.39	20.0（2025 年）
江苏	17.4	25.5（2025 年）
山东	16.0	18.0（2023 年）
河南	14.2	20.0（2025 年）
广东	20.8	25.0（2025 年）
四川	8.0	25.0（2025 年）

资料来源：《5G 产业和市场发展报告》。

从我国省市 5G 基站建设情况来看，山东省的 5G 基站建设规模处于全国较高水平，这将有助于推动以通信技术为基础的相关技术的创新及应用。但需要注意的是，移动通信基本上 10 年就要进行一次迭代升级，在 5G 商用逐步推进的同时，全球 6G 研发的战略性布局已经悄然进行。赛迪智库无线电管理研究所的《6G 全球进展与发展展望白皮书》显示，2020 年 10 月，美国建立了 6G 联盟，欧盟、韩国、日本等也开始布局 6G 研发，有研究认为，6G 预期将于 2030 年左右开始商用。因此，在 5G 建设的同时，也要未雨绸缪，提前布局 6G 相关技术研发，同时要围绕 6G 潜在关键技术在下一代基础共性技术、新型特定通信技术、融合应用新技术等领域科学布局，在促进 6G 技术研发的同时，提早为 6G 商用做好技术基础准备。

5.2.1.3　智能制造的通用智能技术：人工智能

1956 年的达特茅斯（Dartmouth）会议上首次提出了人工智能的概念，标志着人工智能科学的诞生。人工智能技术是一种能够模拟人类智能活动的技术，以智能机器（人）、智能系统为主要技术载体。但是由于智能终端的制造等硬件技术以及算法技术发展的限制，以传统机器人为代表的智能终端只能通过程序控制实现机器运转的自动化，根据程序设定、控制做出已经存在于机器内的各种指令性动作，人机交互也只是单向的人对机器的指令发送，严格来讲还不能称之为真正意义上的人工智能。而智能机器人应该是基于对所收集的大量数据、信息的深度计算、分析，做出智能的行为、决策，智能机器人不仅应该掌握数据分析的能力，还将拥有判断的能力。

进入 21 世纪，互联网通信技术的发展融合大数据、云计算等信息技术的突破为人工智能的进一步发展打破了瓶颈。2016 年 3 月，AlphaGo 在与李世石的围棋大战中取胜被视为人工智能发展的里程碑式事件，甚至有专家因此将 2016 年作为人工智能元年（王沛霖，2017）。大数据、云计算等信息技术的突破为人工智能的核心技术——深度学习算法提供了基础技术支撑，而互联网通信技术持续的增量创新促使了大数据、云计算、并行计算技术的成本呈持续下降趋势，这些技术的融合不仅使人工智能取得了技术上的突破，也为人工智能技术走出实验室、实现商业化、产业化创造了条件。2017 年日本研发出的可用于人工智能深度学习的脑型芯片又将为人工智能领域增添一项重要的技术创新。人工智能技术正在经历从专有人工智能向通用人工智能提升的技术创新演进过程，通用人工智能技术的突破将催生语言处理、视觉识别、图像识别、体感识别、语言处理等细分行业的发展，这些细分技术创新将与不同行业的技术创新不断深入融合，实现智能医疗、智能交通、智能制造等，从而掀起泛行业的智能化革命（见图5-1）。

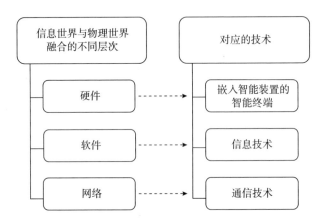

图 5-1　信息通信时代的核心及对应的技术体系

资料来源：笔者绘制。

随着新一代信息通信技术的发展，工业互联网新一代信息技术与工业系统全方位深度融合所形成的产业、技术生态系统飞速发展，而人工智能则是实现工业互联网数据优化的关键。工业互联网要求精准决策、动态优化，这离不开人工智能基于大数据的计算与算法，通过人工智能，工业互联网才能实现从数据到决策、知识的转化，因此，人工智能技术的创新发展在赋能工业互联网的同时也将不断拓宽工业互联网的应用。

5.2.1.4　新一代信息通信技术的技术元范式：信息+通信+人工智能

信息通信技术中的通用目的技术从根本上产生了技术组合和重组思想的新思路。信息通信技术的发展目前已经或者正在成为经济的一个亚模式，它们在经济中的渗透效应，不仅表现为大脑芯片、云计算、智能系统等新产品、新服务、新系统、新产业的出现，更为重要的是它们对各个领域、各个行业传统运营方式的颠覆性变革，它们所产生的经济效益，正在使其成为一个元范式，逐渐为越来越多的部门所采用。无论是以大数据、云计算为代表的信息技术，还是以物联网为代表的通信技术以及以机器人为代表的人工智能，它们已经从最初的互联网领域、机器人领域逐渐扩散到更多的产业、服务，越来越多的人发现，使用云计算、智能机器人、物联网能带来企业效率、社会效率的显著提升，这正在逐渐成为一种认知常识，而常识的形成恰是新技术—经济范式扩散的重要基础或者主要特征。

以互联网为代表的通信技术催生了以大数据为代表的信息技术，使数据的传输、交互成为可能；大数据反过来也推动了互联网技术的创新演进。拥有无限社交数据的 Facebook、大量搜索数据的 Google 和海量交易数据的互联网销售平台等，通过对所拥有海量结构型和非结构型数据的分析、计算，能够更好地了解用户，从而不断实现在产品和服务方面的技术创新。互联网催生了大数据，而大数据的发展又为人工智能的发展提供了基础技术支撑（见图5-2）。构成第四次工业革命技术体系的几种通用技术在相互影响、相互促进中协同演进，不同通用技术之间的协同演进形成了第四次工业革命新技术—经济范式中技术的发展轨道。

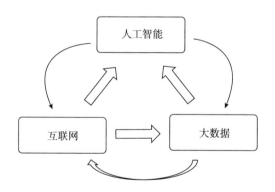

图5-2 通用技术之间协同演进的反馈回路

资料来源：笔者绘制。

从历次工业革命来看，工业革命是通用目的技术创新扩散并渗透于各个产业的结果，这也是技术的通用性所在。如第一次工业革命中的蒸汽机技术，第二次工业革命中的电力技术、第三次工业革命中的电子技术等。通用目的技术通过溢出效应由其所在的原始行业扩散至其他传统行业，这些通用目的技术的应用使生产方式发生了革命性的变化，有效提升了其他行业的经济绩效和创新效率。从目前技术创新的应用绩效及应用前景来看，数字技术、人工智能、新材料、物联网、新能源将是第四次工业革命、本轮新旧动能转换的通用目的技术。

TD 产业技术创新战略联盟的一份 5G 产业链全景图（见图 5-3），不仅是围绕 5G 技术的从基础层到网络层，再到应用层的相关技术图景，也基本上反映新一代信息通信技术的技术元范式：信息+通信+人工智能。山东省应围绕上述信息、通信、智能等通用技术，科学规划、先行布局，尽快产生通用技术的溢出效应，使其由所在的原始行业扩散至其他传统行业甚至形成新产业，通过扩散、普及应用升级生产方式，有效带动、提升其他产业的经济绩效和创新效率。

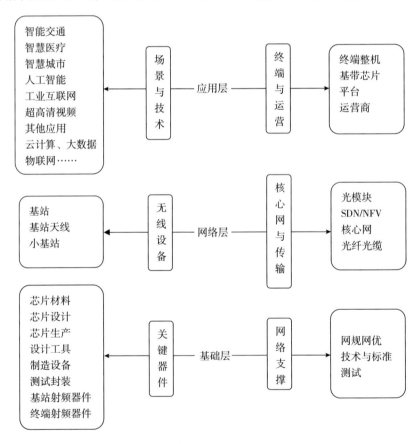

图 5-3 5G 产业链全景图

资料来源：笔者根据相关资料绘制。

5.2.2 鼓励、促进企业推进主导制造技术——智能制造的研发与应用

智能制造是三大通用技术在制造领域的集成。从投入到产出的流程来看，智能制造是一种理想状态下的生产系统，投入产出品的各种物理属性、生产信息、状态信息都可以通过智能系统的信息通信技术进行实时交互，不仅实现机器到机器（M2M）的实时信息交互，还实现了机器、投入品、产出品与操作者、控制员、决策层之间的信息交互，从而达到时间、资源的有效节约。智能制造不仅强调智能技术，同时也要伴随制造技术的协同创新（见图5-4）。德国之所以能够推行"工业4.0"并引起全球关注、产生全球性影响，一个重要的因素是其制造技术、制造能力为其提供了一个坚实的工业基础，也是德国在全球经济危机中能够维持工业增长不可或缺的动力基础。

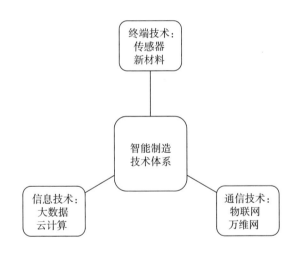

图 5-4　智能制造技术体系

资料来源：笔者绘制。

作为智能制造、个性化生产方式的代表，3D打印在信息通信技术与智能技术创新融合基础上快速发展。3D打印也称为增材制造，它利用了计算机打印原理：打印机要把一层很薄的材料（传统上是打印墨）喷洒在打印介质上，然后

通过计算机的打印模式进行打印。3D 打印通过使用特殊的 3D 打印机器，将提前设定的模型程序输入打印机控制程序系统，根据生产过程将特殊的打印材料逐层添加到打印机的生产系统中，"打印"生产出根据客户个性化需求提前设计好的产品，从而真正实现个性化定制。当前，其主要应用于汽车、航空航天和医疗等行业，如通过 3D 打印制造出具体尺寸的零部件、骨骼、牙齿等，甚至一些大型的产品也正在逐步实现 3D 打印，如建筑模型的 3D 打印，首款 3D 打印汽车也在 2014 年被"打印"制造出来。对于 3D 打印制造技术体系来说，关键的技术基础是 3D 打印材料技术和打印机的生产制造，这两个领域目前的技术发展水平使 3D 打印技术还存在体积、成本和生产速度方面的限制，随着这些技术问题的逐步攻克，未来 3D 打印的应用范围将变得更加广阔。

5.2.3 推动技术创新融合下主导技术系统的最佳实践范式——工业互联网的推广、应用

根据成立于 2016 年 2 月的中国工业互联网产业联盟（AII）对工业互联网的定义，工业互联网是新一代信息技术与工业系统全方位深度融合所形成的产业、技术生态系统。工业互联网以机器设备、原材料、控制系统、信息系统、设施以及人之间的网络互联为基础，通过对工业数据的全面深度感知、实时传输交换、快速计算处理分析，实现对生产、运营的智能控制和智能决策。随着工业互联网的发展、应用，工业互联网已经不仅是一种全新的产业生态、应用模式，也以其平台效应成为一种基础设施。基于此，工业互联网产业联盟（AII）于 2020 年进一步丰富了工业互联网的内涵：工业互联网作为全新工业生态、关键基础设施和新型应用模式，通过人、机、物的全面互联，实现全要素、全产业链、全价值链的全面连接，正在全球范围内不断颠覆传统制造模式、生产组织方式和产业形态，推动传统产业加快转型升级、新兴产业加速发展壮大[①]。根据 AII 对工业互联网的内涵概况，中德智能制造合作企业对话工作组（AGU）工业互联网专家组

---

① 工业互联网产业联盟（AII）．工业互联网体系架构（版本 2.0）［R］．2020．

认为该定义分为宏观层面和技术层面（见表 5-2）。

表 5-2　工业互联网

宏观层面	工业互联网通过工业经济全要素、全产业链、全价值链的全面连接，支撑制造业数字化、网络化、智能化转型，不断催生新模式、新业态、新产业，重塑工业生产制造和服务体系，实现工业经济高质量发展
技术层面	工业互联网是新型网络、先进计算、大数据、人工智能等新一代信息通信技术与制造技术融合的新型工业数字化系统，它广泛连接人、机、物等各类生产要素，构建支撑海量工业数据管理、建模与分析的数字化平台，提供端到端的安全保障，以此驱动制造业的智能化发展，引发制造模式、服务模式与商业模式的创新变革

资料来源：《工业 4.0 工业互联网：实践与启示》。

5.2.3.1　工业互联网的技术体系：信息、通信与制造技术的融合

信息技术、通信技术、智能制造及各技术体系内部组成要素之间通过竞争、协同，实现了各个子系统及三者组成的更高层次的技术系统的自组织过程，使技术系统从无序走向有序，这时候工业互联网的三大要素——智能设备、智能系统、智能决策，与机器、设施、组织和网络高度融合（王喜文，2015），系统内各个要素的全部潜能得以释放，工业互联网——第四次工业革命的主导技术体系形成了。

工业互联网是先进制造技术与信息、通信技术的集成和深度融合，支撑整个工业互联网构架的基础是信息通信网络，随着各种工业数据、信息在由互联网、物联网连接的生产、运营、决策系统中的流动、集成，工业系统实现了全系统的、实时的互相连通；流动、集成的数据不仅是智能技术的基础也是工业互联网的核心，结构化、非结构化等各种形式的数据覆盖了整个生产的全周期，实现了生产全周期的数据的无缝隙连接，这种无缝隙连接通过嵌入式智能终端的感知获取、收集各种数据，并对收集的数据进行智能的加工、处理，通过对数据的复杂计算、深度分析做出智能决策（见图 5-5）。

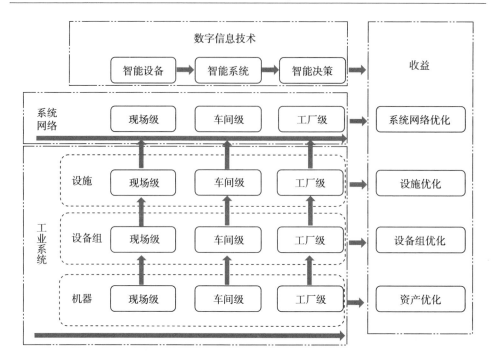

图 5-5　工业互联网应用示意

资料来源：根据美国通用电气公司关于工业互联网的报告绘制。

工业互联网的智能系统得益于人工智能中深度学习技术的升级。传统机器人通过程序控制实现自动化，根据程序设定、控制做出已经存在于机器内的各种指令性动作。而智能机器人是基于对所收集的大量数据、信息的深度计算、分析，做出智能的决策。智能机器人掌握数据分析、判断的能力，是智能系统能够作出智能决策的基础技术。未来人工智能领域深度自主学习技术的发展也将提高智能设备之间的网络协同效应，提高网络协同制造能力。

5.2.3.2　工业互联网成为最佳实践模式的基础——显著的经济效益

工业互联网这种主导技术体系的形成源于其潜在的、广泛的显著经济效益。工业互联网可以应用于航空、医疗、电力、铁路、能源等众多产业领域。

据美国 GE 公司的保守估计，如果工业互联网的应用只能提升行业 1% 的效率，工业互联网带来的经济绩效也是非常显著的。表 5-3 列举了 GE 当时估计的未来 15 年部分领域使用工业互联网的经济绩效。以商业航空为例，如果应用工业互联网能够使航空公司节约 1% 的燃料，15 年总计将会减少 300 亿美元的成本支出。按照 GE 的进一步估计，到 2025 年，应用工业互联网实现的经济产出将达到 82 万亿美元，这一数字可能将是全球经济产出的 50%。

表 5-3　部分领域使用工业互联网的潜在绩效估计

行业	应用环节	效率提升的类型	未来 15 年预计节省经济收益
航空	商用航空	节约 1% 的燃料	300 亿美元
电力	天然气火力发电	节约 1% 的燃料	660 亿美元
医疗	整个系统	系统效率提高 1%	630 亿美元
铁路	货物运输	系统效率提高 1%	270 亿美元
石油、天然气	勘探与开发	资本支出降低 1%	900 亿美元

资料来源：Annunziata M，Evans P C. Industrial Internet：Pushing the Boundaries of Minds and Machines ［J］. General Electric，2012，1（2）：1-23.

在实际应用中，由于工业互联网通过人、机、物的全面互联，能实现全要素、全产业链、全价值链的全面连接，经济效益显著，因此发展迅速，显示了对经济越来越高的贡献。由表 5-4、表 5-5 可以看出，我国工业互联网不仅规模发展迅速，而且其对新兴经济、国民经济的贡献也显示了其强大的经济潜力。作为新一代信息通信技术系统的最佳实践范式，山东省应加快工业互联网的推广、应用，促进工业互联网与各产业的深度融合、渗透，将信息通信技术系统的经济潜力最大程度释放出来。

表 5-4　中国工业互联网发展情况

	2018 年	2019 年
工业互联网产业经济总体规模	1.42 万亿元	2.13 万亿元
工业互联网核心产业增加值	4386.00 亿元	5361.00 亿元
工业互联网融合带动的经济影响	9808.00 亿元	1.60 万亿元

资料来源：《工业互联网产业经济发展报告（2020 年）》。

表 5-5　工业互联网的经济贡献

	2018 年	2019 年
工业互联网对数字经济增长的贡献	14.1%	15.6%
工业互联网对经济增长的贡献	6.7%	9.9%

资料来源:《工业互联网产业经济发展报告（2020 年）》。

5.2.3.3　工业互联网的实现：技术体系的协同演进

从组成工业互联网的技术系统来看（见图 5-6），组成工业互联网的各种技术并不是最新出现的，但是这些技术协同融合发展的力量解释了工业互联网将在第四次工业革命实现的原因。

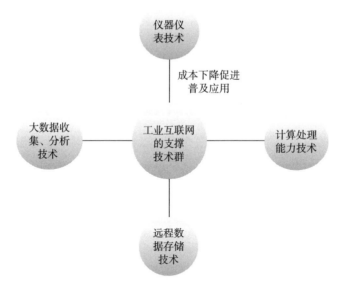

图 5-6　工业互联网的支撑技术群

资料来源：笔者绘制。

一方面，围绕核心投入数据的软件、服务技术的发展、融合。大数据技术、计算技术、远程存储技术的融合发展，不仅普及了数据的广泛应用，而且数据处理技术的持续增量改进也不断提升数据应用的经济效益，在数据处理技术改进与经济效益提升之间的正反馈循环不断扩展数据要素的应用前景。另一方面，围绕数据应用的设备终端的技术发展。仪器仪表是感知数据、显示数据结果的终端，计算、信息和通信系统现在可以支持各种仪器仪表、监测和分析，而仪器仪表的成本已大幅下降，从而使更大规模的配备及监测工业机器成为可能。仪器仪表成本的快速下降与大数据、云计算的影响力的上升相辅相成，这让我们能够以更低的成本收集并分析更多的数据。与 20 世纪 90 年代后五年推动快速采用信息与通信技术（ICT）设备相比，它创造了一个成本下降的趋势，而这将加速工业互联网的发展。移动互联网革命也将加速成本下降，使其更加经济实惠地高效共享信息，并导致分散优化和个性优化。这些变化相结合，用于机器、设施和系统网络时，工业互联网得以实现、扩散。

5.2.4　重视主导技术系统演进的辅助技术创新

智能制造、工业互联网本身就是多种技术的融合应用，除了前述信息、通信、人工智能技术等主导技术，智能制造、工业互联网等的发展还离不开其他辅助技术的创新、发展。要实现新旧动能转换，山东省在推动主导技术系统创新的同时，也要重视辅助技术创新。

深度学习技术。工业互联网的智能系统得益于人工智能中深度学习技术的升级。智能机器人通过深度学习技术，能够对所收集的大量数据、信息进行深度计算、分析，做出智能的决策。智能机器人掌握数据分析、判断的能力，是智能系统能够做出智能决策的基础技术。未来人工智能领域深度自主学习技术的发展也将提高智能设备之间的网络协同效应，提高网络协同制造能力。

人机交互技术。万物互联愿景的实现需要人工智能技术的基础支撑，而其中最基本的则是人机交互技术、物物交互技术的发展。人机交互技术的发展经历了从指令控制型键盘输入向以体感交互、语音识别等智能化人机交互方式的演进。在人机交互技术产业化过程中，以语音识别技术为例，需要经历一个从感知、认知到人工智能这样一个技术演进的历程。语音识别是一个从感知到认知技术的发展，这也是人机交互技术的一个增量改进或填补式创新的过程，在这个技术的增量创新中，机器对信息实现了从"听见"到"听懂"并"反馈"的演进，而随着数据指数级的增长及深度学习技术的填补式创新，人机交互技术将朝向能根据信息"自主决策"的真正智能化的方向发展，推动人工智能技术在不断的增量创新与填补式创新中不断完善（见图5-7）。

图5-7 人机交互技术的发展

资料来源：笔者绘制。

物联网。也称为万物联网，是第四次工业革命中联结物理应用与数字应用的重要桥梁和纽带。根据2010年我国政府工作报告中的有关注释，物联网是指通过信息传感技术，按照约定的协议，把任何物品与互联网连接起来，进行信息交换和通信，以实现智能化识别、定位、跟踪、监控和管理的一种网络。物联网是在感知技术、数据传输技术、数据表现技术协同发展的基础上，互联网在物理世界的扩展。随着通信技术的发展，互联网经历了从门户时代向搜索/社交时代的演变，现在正在进入万物互联时代，万物互联指的就是物联网，互联网正在创造新的"信息获取渠道→社交方式→消费方式、生产方式、商业模式"。因此，物联网是互联网技术在物理世界的扩展，这种扩展是基于感知技术、数据传输技术、数据表现技术的发展及其相互融合渗透。其中物联网互通互联的对象/内容是数据，介质是智能终端的传感器，载体是通信网络。上述几种技术的结合，使各种终端通过嵌入式智能设备实现物与物、人与物的连接与对话。在生产领域，物联网使得数据收集、传输、复杂处理的高级分析能力同生产制造流程相结合，形成工业互联网，将颠覆、重构生产制造领域的传统模式。生产领域之外，物联网将广泛应用于经济、生活和国防各领域，也是智能城市的重要智能基础设施。

5.3　新技术范式下山东省新旧动能转换的核心要素投入

每一次工业革命的不同技术—经济范式都对应着不同的核心投入（关键生产要素）。对于第四次工业革命新技术—经济范式的产生，通用技术、主导技术体系的演化必将引致核心投入的变迁，或者说核心投入的演化将促进新技术—经济范式的扩散，新技术—经济范式的形成是各个要素协同作用的结果。

第四次工业革命作为信息通信技术与物理世界的深度融合，其核心投入来自这两大领域新技术发展所需的关键要素：数据与新材料。这两种核心投入在新范式中的应用，并不表现为孤立的投入，而是都处于技术创新体系的核心，其中的某些技术创新则与这两种核心要素自身的生产或利用有关，如大数据、云计算、通信技术不仅与数据的生产有关，也与数据的利用有关，这也是技术—经济范式理论对关键生产要素的说明。

本节将通过技术—经济范式理论关于核心投入需具备的三个特征：相对成本的下降、无限的供应能力、普遍的应用潜力，来分析数据和新材料作为核心投入的理论原因与现实基础。

5.3.1　核心投入要素之信息要素：数据

新旧动能转换伴随着信息技术发展进入大数据时代，大数据的数据特征可以用 4V 表示：数量巨大（Volume）、类型多样（Variety）、增长快速（Velocity）、价值高（Value）。人类已经进入了一个新的信息时代，这个新时代的重要特征是海量数据的广泛运用。麦肯锡在 2011 年一份关于大数据发展的权威研究报告中指出，数据作为一种非常重要的生产要素，已经渗透到各个领域、各个行业。而2012年冬季达沃斯世界经济论坛的一份关于"大数据，大影响"的报告，也直接指出了数据正在成为类似于货币和黄金的新型经济资产。在信息通信技术主导的第四次工业革命中，数据所表现出来的无限的供应能力、普遍的应用前景等特征，将使其像历次工业革命中煤、钢、石油一样，成为第四次工业革命中的关键要素。

5.3.1.1　无限的供应能力

在信息技术时代，数据以极大的速度增长，甚至超出了摩尔定律的范围。著名的国际咨询机构IDC（国际文献资料中心）曾对全球的数据产生数量做过一份估计，如表5-6所示。

表5-6　全球数据产生数量估计　　　　　　　　　　单位：ZB①

年份	2006	2011	2015
数据量	0.18	1.80	8.00

资料来源：郭晓科．大数据［M］．北京：清华大学出版社，2013.

全球每年的数据一直在高速增长，据国际数据资讯公司的估计，全球每年数据增长率达50%。思科公司曾指出，仅在2006~2011年，全球互联网的数据流量就增长了12倍，这同西门子股份公司管理委员会成员Russwurm于2014年"全球数据总量每5年会增长10倍"的判断基本一致。互联网上每天都会产生大量的自媒体数据、记录用户行为的日志数据等，每天产生的海量数据同历史数据汇总使数据具备了无限增长的可能。随着产品的普遍智能化趋势，智能产品也是一个制造数据、产生数据的来源，每个人、每台机器设备，甚至每栋建筑物都是数据的生成者和提供者，数据将成为无处不在并源源不断供给的信息投入品。这种长期无限供应前景，对于相关技术创新的先行投资者投资决策的做出，是一个

---

① 数据的数量单位级别依次为：B、KB、MB、GB、TB、PB、ZB、YB。它们之间的换算关系是：1KB=1024B，1MB=1024KB，以此类推。

基本的信心条件。

5.3.1.2　数据成本将收敛于零的趋势

数据产生的不间断性、产生数量的大规模性决定了数据的低成本性。不同于历次工业革命核心投入的物理特性，数据是数字化的信息，不是物理实体，全球各个国家、地区的各个领域每时每刻都在源源不断地产生各种类型的数据信息，从这个意义上可以说，数据是取之不尽、用之不竭的。像 Facebook、Twittter 等内容生产类服务商，每天用户生成的数据就是一个大的数据资源池，数据的免费提供为数据的免费使用提供了可能性。通信技术的发展也促使数据传输成本、储存成本呈现指数级下降的趋势，如表 5-7 所示。

表 5-7　1992 年和 2010 年数据成本的变化

年份	传输成本（1M）	储存成本（1G）
1992	222.00	569.00
2010	0.13	0.06

资料来源：黄群慧，贺俊．"第三次工业革命"与中国经济发展战略调整——技术—经济范式转变的视角［J］．中国工业经济，2013（1）：5-18.

数据的非竞争性、重复使用的零边际成本决定了数据成本将逐渐收敛于零的趋势。如美国经济学家 Shapiro 和 Varian 早在 1999 年就指出，信息的生产是昂贵的，但复制的成本却是非常低廉的。互联网给我们提供了搜索、获取信息数据的既便捷又经济的途径，我们可以近乎免费地获取大量的数据，同时丝毫不会影响其他人的使用，对信息的复制使用也只需类似点点鼠标的简单操作就能实现零边际成本的复制和使用。未来，共享经济的发展将很快实现多种数据的零成本使用。

5.3.1.3　普遍的应用潜力

数据是第四次工业革命通用技术、主导技术的基础投入。信息技术是对数据的收集、处理、分析，通信技术是数据的流通、交换。因此，数据是信息技术的基本单元，而信息技术应用的最基本原材料就是数据。以云计算为例，组成云的单位是数据，计算的对象主体是数据，云计算是对数据的收集、存储、加工、处理，没有数据，云计算也就失去了存在的意义。人工智能技术，智能性是智能设备收集、处理、分析数据能力、水平的体现，数据是智能机器能够获得智能能力的知识来源，没有数据，智能将无从产生。

数据技术是构建第四次工业革命主导范式产业互联网的基础技术，是产业互联互通的对象/内容。按照产业互联网架构层次分析，各种类型的数据将应用于各个层次。从组成物理信息融合系统的机器设备微观层面来看，机器物理设备与信息技术融合是机器与机器之间或人与机器之间通过数据产生的融合，即融合的纽带是数据；从产业互联网的层面来看，产业互联网体现的是产业间、产业内部的资源整合、优化，而资源整合、优化的途径是基于对数据的收集、处理、分析，从而达到产业间、产业内部互联互通的目的，实现产业链各个环节的优化。产业互联网技术体系的不断完善将使产业互联网覆盖农业、工业、服务业各个产业部门，数据也将成为各个产业部门的基本驱动力。

数据的应用可以带来显著的经济效益。生产制造环节通过对大数据的挖掘可以实现节约成本、降低能耗、提升生产效率；智能决策、智能管理环节，智能主要就是体现为基于数据做出的决策、判断、管理。Brynjolfsson 等（2011）对美国多家大型企业的研究发现，那些选择使用数据进行决策的企业相比没有使用数据决策的企业，利润高 5%~6%。2013 年，麦肯锡一份研究报告就预测开放数据将对全球七大领域（交通运输、电力、教育等）带来巨大的经济收益，除了直接的经济效益，基于数据信息技术的智慧城市将从教育、医疗、交通等社会生活各个方面带来社会福利的提升，社会效益将远远大于直接经济效益。

5.3.2 核心投入要素之物理要素：传感器与新材料

5.3.2.1 智能化的通用部件：传感器

普遍的应用前景。智能机器、智能终端的应用是一个由感知到行为的过程，感知是机器人将收集到的数据、信息映射到关于应用场景的内部程序、数据计算的过程，传感器则是机器人与环境之间的感知接口。第四次工业革命是万物互联的时代，互联的万物即智能终端，每一个物体都将是一个对应用场景感知的终端设备，作为终端设备感知场景的介质——传感器将以一种通用部件的形式成为第四次工业革命的核心投入要素。进入 21 世纪，以智能手机、平板电脑为代表的智能终端之所以能够容纳摄像、GPS、光敏感等众多功能，原因就是各种类型的传感器已经从模拟世界转移到了数字世界，而且从本质来讲，传感器相当于智能终端的芯片，传感器的技术进步将使得智能终端能够更好地对应用场景进行感知、理解。目前，传感器间的信息量已经超过了电脑，成为信息交互的主流。

相关技术创新带来的无限供给与相对价格下降的趋势。传感器的技术在持续的增量创新中得到提升，各种类型的传感器渐进式的技术提升使摩尔定律在传感器领域也开始发挥作用，这奠定了传感器相对成本下降的技术轨道。但是未来传感器成本的持续下降及无限供给将取决于一系列相关的技术创新。

5.3.2.2 产品制造的核心投入：新材料

作为未来的产品制造技术发展趋势，3D 打印需要不同于传统材料的新材料。这里的新材料不是一种单一的要素，而是涵盖了各个行业的材料：金属类、陶瓷类、聚合物类、复合材料等类型，因此，从这个角度来讲，新材料难以作为新一轮工业革命的核心投入。但是从应用前景来讲，新材料作为决定个性化生产技术、智能制造技术扩散的关键投入，又具有关键要素的性质。我们把新材料归入第四次工业革命的核心投入，是为了强调新材料对于第四次工业革命的重要性。

新材料技术是新兴产业、高技术产业的关键共性技术，新材料产业是高新产业的基础和先导产业，任何一种高新技术的突破性创新都必须以相关新材料技术的突破为前提，如没有硅材料的技术创新，人类就不会进入信息时代。新材料还是高技术产业发展的重要物质支撑，在前沿技术聚集的航空航天、电子信息、国防军工等高端制造业及战略性新兴产业，功能性强、技术含量高的新材料是技术密集型行业发展的重要物质支撑。3D 打印作为一种新兴生产制造范式，3D 打印材料将成为 3D 打印技术突破创新的关键点和难点，3D 打印材料与 3D 打印技术应用的广度息息相关。

未来，新材料主要为智能材料、生物材料、纳米功能材料、纤维及复合材料及有机电子材料。此外，新能源的光伏材料、先进储能材料、有机硅等新材料属于新能源技术应用的瓶颈环节。

总之，新材料既是第四次工业革命的先导产业发展的物质基础，也是先导产业发展的瓶颈，新材料技术的发展决定了新技术—经济范式扩散的广度、深度，进而决定了第四次工业革命发展的生命周期进程。

5.3.3　劳动要素结构的调整：基于智能技术的新劳动分工

智能机器与人的新分工合作。第四次工业革命的智能化，在劳动分工领域，意味着机器对人的部分劳动的替代、机器与人之间的新劳动分工。关于机器工业革命对劳动结构的影响，利维和莫尼恩在 2004 年的著作 *The New Division of Labor* 中提出了未来分工的相对优势标准。基于经济理性的判断，人类应该承担和智能机器相比具有相对优势的工作。智能制造的发展，机器将更大规模代替人力，第四次工业革命中机器对人力的代替将是一个质的变化：从机器对体力劳动的代替转向机器对脑力劳动的代替。以人为载体的劳动要素在投入中所占比重将呈现下降趋势，与新智能技术相适应的、随之而来的将是劳动力要素技能结构、专业知识结构的适应性调整。

专业知识结构的调整。工业互联网的崛起需要培养和发展新的人才，除了机械和电气工程技能，还需要跨学科的新的技术、分析和领导人才。推动工业互联网的发展需要以下专业知识人才：①下一代工程学，对各种交叉型人才的需求将增加，他们融合了机械工程等传统工程学科与信息和计算学科，从而可能被称为"数字—机械"工程师。②数据科学家，将形成分析平台与算法、软件和网络安全工程师，包括统计、数据工程、模式识别与学习、先进计算、不确定性建模、数据管理以及可视化。③用户界面专家，人机互动的工业设计领域，高效地整合最低投入所需的硬件和软件，以实现所需的产出，使机器对人造成的意外影响降到最低。此外，很多国家和地区目前都缺乏基础性的人才，如网络安全专家、软件工程师、分析专家等。

改革开放后，借助于人口红利，在工业化初期我国经济动能有相当一部分来源于劳动数量的增长，但是随着技术进步带来的工业化进程逐渐加快，经济增长对教育水平需求的提高，劳动力增长这一经济增长动能正在逐步减弱。据赵昌文等（2015）的研究，改革开放初期，我国劳动力就业对经济增长的贡献率在13.3%~14.2%，工业化初期的1990~1994年，劳动力就业对经济增长的贡献率也能达到9.1%。但随着工业化进程，其贡献率逐渐下降，工业化初期的1995~1999年，劳动力就业对经济增长的贡献率降到5.7%左右，工业化后期的2012~2013年，劳动力就业对经济增长的贡献率仅为1.9%，并且该研究预计中国劳动力数量对经济增长率的贡献很快将变为负值。

历史及国际经验也告诉我们，劳动力教育水平的提高与全要素生产率是正相关的，随着技术进步引起的全产业、全领域变革，提高与新技术相适应的人力资本质量才能提高生产效率、促进全要素生产率的提高，为经济增长从要素供给角度提供新动能。

5.4　推进新旧动能转换的载体：
生产、组织方式变革

在新一代信息通信技术引发的第四次工业革命中，生产系统、组织系统的自组织适应性将使从新的产业、服务、商品和技术中产生的结构性变革，与设计、使用、生产和分配它们必需的各种组织创新联系在一起，形成新的管理和组织新技术的"常识性"规则。引领新旧动能转换的技术体系能够以多快的速度释放其经济潜力，还取决于微观生产组织——企业，按照新技术规则，重新组织新要素的生产、组织方式变革。

5.4.1 鼓励企业向智能制造、大规模定制、网络协同生产等转型、升级

智能制造、大规模定制、网络协同生产等方式是新一代信息通信技术系统下企业未来生产方式选择。第四次工业革命起源于信息、通信、智能技术对生产制造领域的变革，数字世界与物理世界的深度融合首先就是表现为制造领域的智能制造，信息技术的发展同消费需求的变化相结合，大规模定制也将成为主要生产方式，工业互联网的建设也将推动企业生产由集中生产向网络协同生产转变。

制造过程智能化。物联网的使用和工业互联网的建立使机器之间、机器与物之间可以通过嵌入式智能设备（如传感器）实时"对话"，端与端之间的互联互通使生产资料、产品不仅能够及时产生自己的状态信息并且能够将信息实时传递出去，根据这些实时状态信息，物资能够有条不紊地流动，生产、运营的决策也将基于这些"对话"产生数据、信息，得益于信息技术、智能技术的发展，智能制造系统能够收集、集成大量的实时数据、信息，并对大量的数据进行处理、计算，从而做出基于科学计算的决策，实现智能制造。与新的智能生产系统相适应，每台机器设备都是一部智能终端。智能制造通过综合运用控制技术、统计和信息处理技术，通过智能终端之间的互通互联可以实现生产系统的自我检测，即通过产品、部件实时状态信息、数据的传递，智能系统能够及时发现与合格产品、部件参数不匹配的不合格产品或部件，并可以通过无缝隙的数据连接及时发现生产系统出现的问题、通过数据找出问题的原因，从而实现整个生产流程、制造过程的智能化。

大规模定制生产。社会经济的发展带来了人均收入水平的提高，进而带来了消费者需求层次的提高，消费者不再满足于大规模生产下的大众化产品，对产品的个性化需求逐渐成为消费者的重要需求特征。但是传统大规模生产下的刚性生产系统难以满足消费者的个性化需求。而物联网、智能技术的发展推动了产品模块化生产技术的发展，原来缺乏弹性的刚性生产系统将逐渐转向可重构生产系统。模块化生产技术是可重构生产制造系统的基础，可重构生产制造系统又使大规模定制生产成为可能。在信息世界与物理世界融合的工厂中，所有的机器、设

备、设施等是可重构系统的组成模块，各个模块通过嵌入式智能终端可以实现现场、车间、工厂等各个层次的集成。工厂可以根据消费者的个性化需求将数据信息传递至相关的模块终端及生产资料，然后通过不同层级的智能系统将不同的模块与生产资料集成，最终生产出符合消费者偏好的定制产品。在可重构系统中，技术创新的关键是如何设计好一个开放性的产品架构，这个开放性产品架构包括具有组合弹性的模块序列以及界面标准。

网络协同生产。大数据、云计算等信息技术的发展及互联网、移动互联网、工业互联网的发展，使不同地理位置、供应链不同环节之间可以实现实时信息共享，这为资源在更广的地理范围内的快速流动、重新配置、高效整合创造了便利的条件。不同企业通过信息共享确立自己的优势资源、在价值链中找到自己的最佳位置，这将推动价值链、产业链在全球分工的深化，这种网络协同方式将逐步取代传统的集中生产方式成为主要生产方式。

5.4.2 加快数字经济时代的产业数字化

以大数据、互联网、云计算等技术为代表的新一代信息通信技术，使数据即数字化的知识和信息成为核心投入要素，在各种技术协同创新发展中，催生了围绕数字经济的新业态、新模式。中国信息通信研究院《中国数字经济发展白皮书（2020年）》中对数字经济的定义：数字经济是以数字化的知识和信息作为关键生产要素，以数字技术为核心驱动力量，以现代信息网络为重要载体，通过数字技术与实体经济深度融合，不断提高经济社会的数字化、网络化、智能化水平，加速重构经济发展与治理模式的新型经济形态。

此次新旧动能转换，传统产业与数字技术的深度融合是产业升级的重要途径，因此，推动数字产业化也将是新旧动能转换的重要内容。产业数字化主要是数字技术与实体经济、传统产业多领域深度融合，生产要素以新模式、新业态的方式优化重新组合，使传统产业数字化水平、智能化水平不断提高，传统产业在新技术带领下重新释放经济潜能，实现产业转型、升级。

加快产业数字化，鼓励、引导企业积极采用大数据、互联网、云计算、人工智能等数字技术重塑生产方式、生产流程，由新技术带来传统产业在数量和效率方面的显著提升，这将有力推动山东省新旧动能转换进程。

5.4.3 政府主导推进新型产业组织形式——产业协同生态系统的建设

从工业互联网到产业互联网，企业的生产将由集中生产向网络化异地协同生产转变，企业间的组织方式也将呈现一种协同发展的生态系统特征，即产业组织将转向产业协同生态系统。

产业协同生态系统。传统制造业以产品为中心，未来制造业将借助于先进的信息、通信技术与用户互动，根据用户的个性化需求进行设计、生产，这些将借助于产业的协同生产来实现。通过协同生产，供应链各个环节都将通过通信技术参与到产品从设计到生产，再到流通、售后的整个过程，信息技术的发展使各参与主体能够有效、及时分享、获取有用的信息，实现产业内部、企业内部的协同设计、协同生产和协同管理，通过快速的动态协同实现资源的有效配置。这种协同生态系统的形成，不仅有助于企业及时对市场变化做出反应，也能通过资源的集成与共享实现资源的高效利用。

5.4.4 为更多开放的商业模式创造宽松的环境

互联网的出现使创新不再主要沿着一种有序的线性轨道，还可以借助高效率的互联互通进行并行创新。信息、通信技术的不断创新使信息交换速度、分散决策的能力大大提升，这为处于不同地理位置的协同工作扫清了地理位置的障碍，空间区域的距离由于互联网的发展而失去意义。原来局限于地理位置的集中化的内部创新模式将逐渐被利用开放网络的开放式创新模式所取代。互联网革命是信息和知识密集型的，而不是资源密集型的，它凸显了网络和平台创建的价值。随着信息、通信技术的发展及各种平台的建立，社会呈更加开放的状态，如成为企业快速解决问题的主要模式的"众包"商业模式。

众包（Crowd Sourcing）是 2006 年美国著名的新经济类杂志《连线》提出的一个概念，用来描述一种新的商业模式，即企业利用互联网将企业内部的工作分配出去，通过网络的力量收集创意或寻求解决各种问题的最佳方案，其概念同2005 年中国科学院提出的威客相似。本质上来讲，众包是一种业务、工作的外包，但是互联网的发展使外包的效率出现了质的飞跃。同传统的外包相比，众包具有承接主体来源更广泛，且效率更高、交易成本更低、交易方式更灵活等特点。传统的外包，企业将特定业务或项目交给专业人士或专业组织单位，而众包将项目通过互联网集聚众多网民的力量，采用了劳动密集的模式来解决企业遇到的难题，承接主体往往是跨领域、跨专业的人士。如美国航空航天局将预测太阳粒子活动的项目发送到一家为科学问题而设立的创新网站上，最终有效预测方法的提供者是一位退休的无线电频率工程师，其研究方法对预测精准率和时间的提升，让他获得了 35000 万美元的巨额奖励。众包的出现最初是针对一些技术创新等前沿科学技术领域的难题，随着越来越多的公司和组织采用这种高效的技术创新思路，众包业务或项目已经不再局限于技术难题，而扩展至更多的服务项目甚至具体的工作。这种高效的解决问题模式，不仅可以减少企业对员工的需求，也将会降低建立企业的门槛，从而催生一大批新型的创新型小公司。

5.5 新技术经济范式下的基础设施

第四次工业革命是信息世界与物理世界的深度融合，是数字技术渗透到各个产业、各个领域的革命，数据信息成为核心投入要素，数据流动的通信网络将成为重要基础设施；但是第四次工业革命不是单纯的信息技术，而是信息世界与物理世界的融合，因此，连接信息与物理流通的物联网将成为第四次工业革命的重要基础设施。

5.5.1 加快推进通信基础设施——互联网建设

在一个智能化、网络化的世界里，互联网、物联网将渗透到所有领域。通信网络需要在互联网的基础上进一步发展以连接各行各业位于各个位置的各种机器、系统和网络。这将需要整合国内和国外的互联网基础设施，以便支持智能社会所面临的数据流的大幅增长。

互联网正在成为最佳实践模式的通用原则之一。正如小米公司创始人雷军所言，互联网击败一个又一个的传统企业，是因为它们太赚钱了，互联网模式的先行者用其经济效应成为新范式的模范，引诱后来者不断加入新范式的行列。而其中最大的障碍是惯性，对原有范式的路径依赖限制了对新事物、新事项的选择。

互联网的外部经济效应显著。互联网的全领域渗透模糊，甚至打破了企业的边界界限，社会网络化带来的资源网络化、资源的社会流动、社会共享，使互联网平台成为企业整合资源的重要途径，通过降低资源整合成本实现了企业运营成本的有效控制，带来了显著的经济效应。但是由于暴露在无所不在、无所不控、虚实结合、多域融合的信息物理融合系统中，数据系统安全威胁和风险控制技术，成为互联网、物联网建设的一个重要任务，未来第四次工业革命的推进，不仅需要数据、终端的互联互通，更重要的是安全的互联互通。

5.5.2 加快推进信息基础设施——数据处理中心与云平台建设

数据处理中心、云平台是以数字业务为主的组织通过打造网络平台，匹配多种产品和服务的买家和卖家，从而获得越来越大的规模收益。随着工业互联网、产业互联网的建立，高质量的数据使用、分析具有高度的公共物品属性及越来越显著的规模收益，数据处理中心和云平台具有一定的公共物品性质，数据处理中心及云平台将可能成为第四次工业革命的关键信息基础设施。目前，虽然发达国家已经开始推进公共数据中心、云平台的建设并有部分已经投入了使用，但绝大多数数据中心还没有建成，一个关键原因是数据处理需求目前每两年就翻一番，到 2020 年将增加 20 倍。如果这个趋势延续下去，我们可以预期 2025 年的数据处理需求将增加 40 倍（见表 5-8）。

表 5-8　第四次工业革命（新旧动能转换）的技术—经济范式

主导技术群	核心投入	生产方式、组织原则	基础设施
数字技术；通信技术；人工智能；材料技术；能源技术	数据；传感器；新材料	智能制造；个性化生产；大规模定制；共享	互联网；云计算平台

资料来源：笔者整理。

5.6　山东省新旧动能转换要把握新工业革命发展趋势

　　新的经济增长动能是由技术创新引领的，山东省要顺利完成新旧动能转换，必须要把握新一代信息通信技术、第四次工业革命发展趋势。

　　从近年来第四次工业革命表现出的特征来看，第四次工业革命正由孕育期进入发生发展期。信息技术、互联网技术、人工智能等领域的原始技术创新早在 20 世纪五六十年代即已出现，但由于关联技术创新的相对滞后，这些新技术主要处于实验室阶段或初步发展阶段；经过 20 世纪末至 21 世纪初几十年的孕育发展，这些在应用上相互协同、互为依赖的技术都取得了突破性发展，并逐渐进入商业化、产业化；与此同时，大数据、传感器、新材料等技术的突破以及相关填补式创新的不断出现，进一步降低了第四次工业革命的核心投入成本。由此，在核心技术创新、填补式技术创新等的推动下第四次工业革命由孕育发生期逐步进入发生发展期，并呈现出快速推进的势头。

5.6.1　技术、产业之间的融合越来越明显

　　第四次工业革命中的主要技术创新是数字技术、网络技术、智能技术，这些技术类型的共同特征是具有突出的渗透性、扩散性和外溢性。随着大数据、互联

网、人工智能等的快速发展及应用，相关技术越来越趋于融合，并且在融合中以上技术发挥出更大的倍增作用，由此形成推动第四次工业革命的强大动力。技术与产业紧密相关，技术融合必然导致产业之间的融合。在第四次工业革命中，产业之间融合主要表现为制造业与生产性服务业之间的融合，即服务型制造的兴起，以及第一二三产业之间的融合等。从新旧产业关系来看，工业革命不仅是新产业的建立，也是新技术对传统产业的颠覆性变革或者是不同部门之间基于技术的融合。未来，随着信息、通信技术的发展，产品的内涵将延伸至体验、服务范畴，随之而来的是行业、产业的更大范围的跨界融合。

5.6.2 新一代人工智能正成为重要的颠覆性核心技术

从第四次工业革命孕育发生开始，互联网、大数据、云计算、物联网、移动互联网、人工智能、3D 打印等各自发挥作用，共同推进新一轮工业革命的发展。近年来，技术的研究及现实的实践越来越明确表明，新一代人工智能正逐渐成为第四次工业革命的核心性、颠覆性技术，在很大程度上将主导第四次工业革命的发展趋向。从现实各国应对来看，自 2012 年美国提出工业互联网和 2013 年德国提出"工业 4.0"战略后，发达国家积极应对第四次工业革命的冲击。经过几年的实践探索，发达国家逐渐将未来经济和产业竞争的制高点锁定在新一代人工智能领域：2016 年 10 月 13 日，美国政府发布了《为人工智能的未来做好准备》和《国家人工智能研究与发展战略计划》两份报告，分别探讨了人工智能的发展现状、应用领域以及潜在的公共政策问题，并提出了美国人工智能优先发展的七大战略方向及两方面建议；2017 年英国政府也相继发布了《人工智能：未来决策制定的机遇与影响》和《在英国发展人工智能》，分别讨论了新一代人工智能的未来发展对英国社会和政府的一些影响以及如何利用英国的独特人工智能优势增强英国国力，对当前人工智能的应用、市场和政策支持进行了分析，并将重心放在四个方向的建议上：数据、技术、研究及政策上的开放和投入；法国政府也在 2017 年发布了《法国人工智能战略》，提出了 50 多项具体的政策建议，旨在制定法国在人工智能领域的发展计划。我国于 2017 年 7 月也发布了《新一代人工智能发展规划》。可以预见,未来各国围绕人工智能展开的竞争将越来越激烈,主要竞争将集中在人工智能基础、智能应用与分析技术等领域。

5.6.3 技术标准在技术创新中的作用越来越重要

技术标准是技术发展与竞争的世界通用语言,在未来技术创新中的作用越来越突出。在某种意义上,标准竞争超越技术竞争,抢占了标准制定权,即抢占了竞争的制高点。在物联网领域,当前全球范围内的主流物联网标准呈现出 NB-IOT、eMTC、LoRa 三足鼎立的态势,其中,中国三大电信运营商在大规模部署 NB-IoT(窄带物联网),而美国的运营商巨头 AT&T、Verizon 等正在加紧部署 eMTC。在大数据领域,美国于 2013 年建立了大数据公共工作组,致力于开发大数据互操作性框架;2015 年国际电信联盟公布了首个大数据标准《基于云计算的大数据需求与能力标准》,该标准由中国电信牵头,与法国电信、韩国电子技术研究院等机构联合制定,将为 ITU-T 后续制定大数据系列标准提供基准和参考。在云计算领域,标准化组织主要包括欧美主导的标准化组织、传统电信领域的标准化组织和中国新成立云计算标准组织,但是推动云计算标准化的组织团体大多数来自美国。在人工智能领域,目前尚缺乏相应的国际标准和国家标准。美国政府强调不急于对人工智能的研发进行广泛的监管,但会在汽车业、航空业和金融领域的应用制定具体标准。2017 年中国提案的首个情感交互国际标准已获得立项。随着第四次工业革命的迅速发展,技术标准的作用越来越重要,各国围绕技术标准之间的竞争将日趋激烈。

5.6.4 制度越来越成为技术创新、形成新动能的重要推动力量

随着社会知识的积累及人类认知水平的提高,工业革命的周期呈现缩短趋势,新技术以越来越快的速度和越来越高的频率不断出现,面对快速发展的工业革命、科技革命,世界各国加速了战略布局。这次工业革命,以美国、德国、日本等为代表的发达国家凭借其雄厚的技术基础正在争夺引领新一轮工业革命的主导地位,但是值得注意的是,作为后发国家的发展中国家,中国也正在成为第四

次工业革命中不可忽视的新生力量，甚至早在 20 世纪，罗斯托就曾预言，中国可能将成为引领新一轮工业革命的主导国家之一，里夫金、施瓦布在近几年也相继作出了这样的预测。这种预测不仅是基于对中国经济实力、技术发展水平的判断，更重要的是基于中国政府在发展新技术方面的一系列战略举措。因为工业革命的发生，不仅是技术进步的结果，更是技术进步与制度创新协同演进的结果，尤其是对于战略性新兴产业的发展而言，适宜的制度框架将起着越来越重要的作用。这是后发国家通过工业革命实现赶超的一个重要条件。

第四次工业革命的发生不是一个必然的结论。需要关键的动力、催化剂和支持条件，才能把机器的物质世界与数据和分析的数字世界融合起来，发挥其全部潜力。

第6章 推进山东省新旧动能转换的制度框架安排

本章主要从制度、政策角度，探讨山东省加快新旧动能转换的政策建议。

工业革命的发生，不仅是技术进步的结果，更是技术进步与制度创新协同演进的结果，尤其是对于战略性新兴产业的发展而言，适宜的制度框架将起着越来越重要的作用。这是后发国家通过工业革命实现赶超的一个重要条件。

6.1 新旧动能转换下制度安排的内在逻辑及其要求

6.1.1 新旧动能转换下制度安排的内在逻辑：经济增长动能由总量向结构的转变

我国旧动能乏力的一个重要原因是过去长期依靠需求侧总量投入的经济增长模式导致供给结构不适应需求结构的变化，要实现新旧动能转换，一个重要的问题就是要解决供给侧结构问题。

第一，需求政策长期累积的供给端结构性矛盾亟待解决。过去30多年，为了快速实现经济振兴、提高国民收入水平，我国宏观经济管理的重点一直放在总需求上，消费、投资和出口这"三驾马车"带动了我国经济的快速增长，但经济总量的过快发展带来了很多供给端的结构性问题。为摆脱 2008 年国际金融危机的冲击，以 4 万亿元投资为代表的需求管理的经济刺激政策虽然在短期内吸收了部分过剩产能，但长期看反而"鼓励"了过剩产能扩张，加剧了供需矛盾，并且削弱经济的自我循环能力，加剧了经济体系的结构性矛盾。

第二，人口红利的消失及国际分工格局的变化。一方面，人口红利的消失导致我国要素的低成本优势受到来自其他发展中国家的冲击，而我国在全球价值链中仍然处于低端环节，以总量投入驱动的经济增长难以为继；另一方面，为迎接后金融危机时代及新一轮工业革命，发达国家纷纷制定了旨在重振制造业的经济发展战略，尚未形成人力资本、技术等竞争优势的中国制造业受到巨大冲击，技术、要素、产品、产业升级等结构性问题亟待解决。

新工业革命的冲击。新一代信息通信技术引发的第四次工业革命正在发生，新技术、新业态、新商业模式的变革将重构整个经济体系，创新成为各个领域的关键词，经济增长动能必须由总量投入向结构升级、技术进步转变。

在此背景下，促进新旧动能转换的制度安排、设计不能再单纯以追求经济增长为目标，应该在接受经济下行的前提下，培育可持续的经济增长动力，产业政策必须从供给侧的促进产业发展真正转变到促进技术创新、结构升级的目标方向上。

6.1.2 新旧动能转换下制度安排的着力点：提升企业自生能力

实现新旧动能转换的微观主体是企业，旧动能不足的一个重要表现是企业供给不能满足市场需求及其变动、企业全要素生产率不高，归根结底是企业缺乏自生能力、缺乏竞争力。企业具有自生能力是指企业通过正常的经营管理预期能够在自由、开放和竞争的市场中赚取社会可接受的正常利润（林毅夫，2002）。巨大人口红利下低成本劳动和资本的投入支撑了经济的高速增长，这种粗放型的经济增长方式导致企业除了劳动、土地等资源禀赋的低成本优势外，忽视了能提升企业自生能力、竞争力的产品、技术、品牌等优势的培育，导致产业缺乏竞争力，抑制了产业升级；同时，国内巨大的、不同层次的市场需求及为应对经济低迷政府惯用的刺激需求的经济政策，容易诱使企业将生产锁定在低端产品领域，一方面抑制了产品升级，另一方面生产对低端要素投入的依赖也削弱了要素升级的动力。因此，实现新旧动能转换，要从微观主体企业着手，核心是提升企业自生能力和竞争力，以企业竞争力的提升拉动技术创新、要素升级、推动产品升级、产业竞争力的提升，推进产业结构升级，形成新动能。而企业自生能力、竞争力的培育需要一个优胜劣汰、适者生存生态环境，这个生态环境是有效率的市场环境，即有效竞争市场和有为、有限政府的有效结合。

因此，在新旧动能转换中，制度安排的着力点应转向培育企业自生能力和产业竞争力；各种制度、政策的发挥应建立在竞争政策的基础上，改变政府在制度、政策实施过程中直接干预的参与方式；为企业、产业发展提供一个有效率的市场环境，建立法治化、规范化、服务化的制度、政策实施机制。

6.2　新旧动能转换下制度安排的基本取向

6.2.1　制度安排的终极目标以培育企业自生能力、企业竞争力为主

我国此次旧动能不足、经济增长乏力的一个重要表现是供需错配——（高质产品、高质要素）需求过剩与（高质产品、高质要素）供给不足并存、（低质产品、低级要素）需求不足与（低质产品、低级要素）供给过剩并存，是长期性的、结构性的问题。问题产生的一个重要原因就是作为投入产出主体的企业能力不足、缺乏竞争力。我国传统制度安排、产业政策对经济干预过多，限制了竞争，不仅阻断了企业能力的进化过程，也挤占了具有竞争优势的企业的生存空间，扼杀了具有竞争优势的企业出现的可能性。只有拥有自生能力、竞争力的企业才能够及时对市场需求做出反应，并不断通过技术、创新在市场竞争中保持竞

争优势，避免库存、债务等问题。

企业自生力、竞争力的培育主要是提升企业创新能力，不仅包括技术、产品创新，还包括组织模式的创新及企业家精神的培育。通过转变补贴方式、营造创新环境提升企业技术创新能力，对一些类型的创新活动变事前的供给端补贴为事后的供给端补贴或需求端补贴，推动金融市场的良性发展，为企业创新活动提供良好的投资市场；适应"互联网+"及消费者需求变动对创新生产方式的需求，为企业组织模式的创新及新模式的推广创造规范的市场环境；完善企业家的微观激励机制，建立培育企业家精神的机制，使企业家成为新兴产业成长、传统产业升级的重要力量。

6.2.2 制度实施应建立在竞争制度的基础上

在新旧动能转换背景下，制度安排的一个重点是培育企业、产业的竞争力、自生能力，企业、产业竞争力的形成，则要依靠竞争机制。市场经济的发展实践证明，在充分竞争的产业中更容易出现具有产业链整合能力的大企业。

以前些年的产能过剩为例，从钢铁、有色金属、建材、化工等传统产业到风电、光伏等新兴产业，近些年我国所面对的产能过剩问题的一个特点是竞争性行业的长期性过剩，其根本成因是非市场因素。从产能过剩反复出现在某些特定行业来看，引起产能过剩的一个重要原因是政府对市场配置资源的干预及由此引起的对企业的激励扭曲等。地方政府以地方融资平台、政策补贴等形式对某些产业发展提供政策倾斜，导致竞争机制缺位，扭曲了要素价格，降低了企业的成本曲线，引致企业的过度投资；对政府的政策性优惠预期除了导致企业过度进入外，也使企业投资决策不够谨慎甚至产生投机行为。

因此，制度安排、实施应建立在竞争制度的基础上，明确市场配置资源方式，更多地发挥市场机制的作用，通过竞争加强企业的自生能力、培育产业竞争力。

6.2.3　产业政策类型向功能性产业政策转变，产业政策逐步收敛于市场失灵的领域

全经济、全领域推进新旧动能转换，离不开产业政策作用的发挥。长期以来，得益于发达国家可供借鉴、模仿的经济发展的经验、模式，我国产业政策一直采用的是政府直接干预市场、政府主导资源配置的选择性产业政策，这种类型的产业政策帮助我国在短时间内建立起了完备的产业体系尤其是工业体系。但随着我国与西方发达国家差距的缩小，尤其是技术水平接近前沿水平，新技术、新产品、新业态面临越来越高的不确定性，消费者个性化、多样化的消费需求等都使政府的选择面临高度的不确定性，政府准确选择的难度加大，选择性产业政策正在逐渐失去其作用产业的现实依据。同时，由于选择性产业政策限制了市场机制的作用空间，受惠于选择性产业政策的企业缺乏创新的动力，抑制了要素和产品的升级，也成为产业过剩的一个重要原因，已经成为产业结构调整与转型升级的突出障碍，不利于新旧动能转换的推进，应该加快向功能性产业政策的转变。

产业政策由选择性产业政策向功能性产业政策转型的关键是明确政府与市场的边界。企业、产业竞争力的培育通过市场机制，具体的投资机会由企业家来摸索和把握。政府则应关注于市场失灵的领域，为企业、产业发展提供一个有效率的发展环境。一方面是企业、产业发展的软环境，主要是制度环境，应全面深化经济体制改革，不断完善市场体系，创造公平竞争的市场环境，建立政府主导的基础科学研究制度，追踪国际前沿技术发展趋势并及时制定促进新兴技术发展的科技发展战略，探索适合我国的技术产业化机制，同时，加快社会法治建设、提高政府部门服务效率。另一方面是企业、产业发展的硬环境，主要是基础设施建设，加快中西部地区交通、信息等基础设施建设。此外，在市场失灵的环境保护、质量、安全等领域，不断完善相关的政策、法规，严格政府的监管责任，规范市场秩序。以功能性产业政策来补供给侧结构性改革中在基础设施、公共服务等方面的短板。

6.2.4 制度安排、实施机制向法治化、规范化、服务化转变

在新旧动能转换进程中，对于不存在不确定性的领域，我国制度、政策手段应当加强对法律规制方式的运用，以立法形式来严格规范企业、政府行为，为企业及产业发展创造稳定的、可预期的法治环境。从有利于企业形成长期稳定的政策预期出发，明确哪些环节要补贴和扶持，哪些环节要调节和控制。科学规范制度、政策执行部门、执行主体行为。调整、优化地方政府考核体系，提高公务员队伍的职业素养，建立市场化的薪酬体系，明确职责范围。

制度、政策实施手段向服务化转型。以产业政策为例，目前我国的产业政策手段主要有目录指导、审批制、许可证制、准入制、强制落后产能退出等行政管理色彩浓厚的方式，不利于有效竞争的市场的形成。新旧动能转换进程中，制度、政策应该通过构建可持续的制度框架和社会服务体系为企业营造公平、有效的市场环境。在信息经济时代，对市场、行业信息的搜集、处理是企业竞争力的重要体现，我国的大部分企业由于本身规模比较小，不具备在全球范围内甚至在全国范围内收集大量信息的能力，且信息的收集和分析的公共物品性质及规模经济效应的存在，需要国家政策采取更多的信息搜集、信息提供等手段，使制度、政策手段逐步由直接行政干预向为企业、产业发展提供服务等方向转变。

6.3 加快山东省实现新旧动能转换的制度建议

6.3.1 完善国家创新体系建设，加快技术创新

技术创新是新旧动能转换的原始动力，在新旧动能转换过程中，创新是企业竞争力的重要源泉，为企业创造良好的创新环境是提升企业自生能力、产业竞争力的关键。其中，技术创新是产品创新、生产方式创新、组织模式创新的基础。

目前山东省缺乏能够提供通用技术、共性技术的技术研发机构，这在一定程度上抑制了山东省的技术进步、技术创新速度。政府应加大在具有较高外部性的通用技术、基础研究等领域的研发投资，为万众创新、企业的持续创新提供基础技术支持。对于高新技术等前沿突破性技术，其高风险、高投资特征要求政府发挥主导作用，通过政府联合高等院校、科研机构和企业的技术力量，建立产学官的合作研发体制，使高等院校、国家科研机构成为新兴产业的技术高地。对于一般产业或传统产业的技术升级、技术创新，充分发挥市场在自主研发中的导向作用，通过产业技术联盟、产学研结合等类型的合作创新体制，发挥技术创新的集群效应，促进企业之间、产学研之间的科技资源共享，提高行业中高技术的比重，避免行业中低技术比重过高引致的产能过剩。产业技术政策的制定、实施要考虑合作各方尤其是研发人员和企业的建议，提高产业技术政策的可行性、技术的产业化转化率。

需要注意的是，由于以提升生产效率为导向的技术创新可能会加重产能过剩，创新方向同时应该关注产品质量的提升、组织和商业模式的创新，并且为组织、商业模式的创新提供良好的市场环境。

6.3.2 中小企业创造公平竞争的市场环境，培育新旧动能转换中创新的主力军

技术创新是新旧动能转换的原始动力，而中小企业是最具创新活力的主体，发达国家的发展实践也说明，中小企业尤其是小企业的创新效率要远高于大企业。发挥中小企业的创新能力不仅能推动产业结构升级，也能通过产品的创新、转型加快新动能的形成。扶持性的支持制度、政策不利于激发企业创新活力和竞争力，应当为中小企业创造公平的竞争环境，从企业创办、融资、税收等方面构建完善的服务体系，形成促进中小企业发展的商业环境。通过建立公共技术支持平台、产业联盟、产学研结合的科研制度等手段，为中小企业创新提供设计、信息、研发等全方位服务，在刺激中小企业技术创新活动的同时，也能成为大企业创新活动的动力。有利于创新的金融环境是创新活动持续性的保证，完善中小企

业的金融环境，为中小企业的创新活动提供资金支持。对于中小企业的创新援助
政策，应该依据技术创新规律来提高政策效果，充分释放中小企业的发明创造潜
力，助推新旧动能转换。

6.3.3 强化政府的社会服务功能，为企业发展提供一个有为、有限的政府

实现新旧动能转换、经济进入新常态、进行供给侧结构性改革，都意味着经
济增速放缓，新旧动能转换目的之一也是要着眼于经济的长期增长，以 GDP 为
主的地方政府官员考核机制应该有所改变，应该建立突出长期政绩考察的政绩考
核评价体系。比如，我国的产能过剩是体制性产能过剩，根源之一就是对地方政
府的激励措施导致地方政府采取直接干预的产业政策手段。科学的考核评价体系
是政府干预经济行为的方式转变的前提。

强化社会基础设施建设，不仅包括交通、市政等基础设施，也包括环境、教
育、医疗、养老等公共服务设施，改善投资环境；通过政策、法规协调经济发展
与环境保护的关系；加强政府对市场的监管，为第三方监管创建良好的市场环
境，完善对消费者权益的保障，提升社会诚信水平，优化消费环境；加强国家技
术创新基地建设、建立对外开放的工业数据库等，支持中小企业技术创新活动；
推动职业技能培训体系的建设，在社会中推行树立终身学习、培训的意识；通过
信息搜集、分析、提供，引导产业合理布局，缓解产业结构趋同导致的产能过剩
问题；完善并建立政府公职人员的激励约束机制，建立科学的地方考核体系。

此次新旧动能转换，制度、政策的调整应培育可持续的经济增长源泉，这也
就要求通过充分发挥市场机制的作用以提升企业自生能力、竞争力为目标，真正
培育可持续的经济增长源泉。制度、政策安排趋势是逐步弱化政府对经济运行的
干预，将制度、政策收敛于市场失灵的领域，以增进市场竞争为主，政府在产业
发展中的角色实现由"领航员"向"服务生"的转变。

第7章 研究结论与研究展望

    本章旨在对本书的主要研究内容进行总结，并对未来进一步的研究进行展望。需要指出的是，尽管本书对相关理论研究的拓展和现实问题均进行了尝试性的探索，但囿于个人研究能力、时间及精力的限制，本书的研究仍然存在一些局限和不足。

7.1 研究结论

    在阐述选题背景并对核心概念进行界定的基础上，对本书研究所依据的理论基础和既有研究成果进行了梳理后发现，既有文献存在以下几方面的不足：一是对于工业革命的研究仅限于特定工业革命的研究，缺乏一个具有对历次工业革命普遍适用性的理论分析框架；二是现有文献对工业革命、新旧动能转换的研究主要局限于某种因素或几种因素，缺乏一个系统观、演化观的分析研究。针对相关文献存在的不足，本书一方面基于技术—经济范式构建了一个工业革命发生、新旧动能转换的理论框架，并通过历次工业革命的历史考察对此理论框架进行了历史验证；另一方面以此理论框架为基础对新旧动能实现路径进行了理论分析的判断，以期为山东省实现新旧动能转换的制度制定提供相应的理论依据。通过理论

分析和历史考察,本研究的主要结论有:

第一,工业革命过程、新旧动能转换过程实际是一个技术—经济范式变迁的过程,是一个由技术创新引起的主导技术系统、要素投入、生产组织形式、基础设施共同演进的过程。工业革命从蒸汽机、棉纺织业、铁路到钢铁、石油、电力、汽车再到半导体、电子计算机、互联网、大数据、云计算、人工智能等新一代信息、通信技术等,其发生发展,不仅是国内生产总值的量的增长,更是由于一系列新技术的出现及其相互作用引起的处于工业革命核心的部门结构及产业结构的变化。从单次工业革命的演进过程来看,工业革命产生的变革,不是在原有技术基础上的增量改进,而是围绕新技术一系列的突破性变革,这是工业革命作为一种革命的本质所在。因此,工业革命是一系列突破性技术创新在经济领域中的扩散、吸收过程,这种扩散、吸收过程是伴随着一个最佳实践模式与制度框架的协同演化,即技术—经济范式的演化而逐步推进的过程。

第二,制度框架的协同演进是工业革命发生发展、新旧动能转换顺利实现的关键,制度创新的协同演进不仅可能会促使工业革命的发生,还会加快工业革命发展的速度,制度创新在工业革命、新旧动能转换中将发挥越来越重要的作用。在技术—经济范式的理论框架中,一套与技术经济范式相适应的社会制度框架是新技术能够扩散并取得经济效益的重要条件,在原有技术—经济范式的经济潜力全部发挥、新的技术出现时,原技术—经济范式的组织原则、社会基础性投入、基础设施与新技术系统无法很好地匹配,阻碍了新技术的扩散,必然要求制度框架的及时调整。制度的及时调整不仅是工业革命成功的关键,更能加快工业革命的发生、发展,使工业革命能够迅速、顺利地展开。从技术—经济范式包含的内容看,新的制度框架应该包括一套能有利于技术创新、要素结构调整的制度,还包括新的生产组织形式等制度。

第三,历次工业革命是技术—经济范式与制度框架协同演进的过程。历次工业革命的发生都是技术创新集群引起的主导产业更替、核心投入变迁、要素结构调整、生产组织变革及新基础设施建立的过程,即一个技术—经济范式的变迁,同时,制度创新在工业革命发生与发展过程中发挥着越来越重要的作用。

第四，新旧动能转换是由大数据、云计算、人工智能等通用技术引领，其顺利实现将依赖主导技术体系、核心投入、基础设施协同演进。

7.2　研究展望

本书研究了工业革命发生、新旧动能转换的机理，并对新旧动能转换进行了理论的分析与判断。除此之外，以历次工业革命为例，对工业革命发生、新旧动能转换的理论框架进行了历史的检验。尽管本书对相关理论研究进行了尝试性的探索，并做出了一定贡献，但囿于理论发展程度、个人研究能力和时间、精力以及实证数据，本书的研究仍然存在一些局限和不足。

第一，虽然本书基于技术—经济范式构建了一个包含多维度的工业革命发生的理论框架，将主导技术群、要素投入、生产组织形式、基础设施及制度框架等影响工业革命的主要因素都纳入其中，但工业革命的发生是一个复杂的系统性动态演化过程，每一个要素及各要素之间的协同发展都是工业革命发生的重要变量，每一个因素对工业革命的作用都是一个值得深入研究的问题。但是由于个人知识水平的限制，对每个因素与工业革命的作用关系分析不够深入、透彻，且对因素之间的相互作用、联系过程欠缺相应的深入分析。此外，在制度分析方面，本书仅围绕技术—经济范式对有关的主要制度进行了宽泛的分析，对在工业革命中起到重要推动作用的金融资本、金融制度没有给予较多的研究。因此，如何将工业革命发生的理论分析框架更完备、更深入，进一步把握工业革命发生机理是未来一个重要的研究方向。

第二，依据第 3 章所建立的理论框架，本书以该框架对历次工业革命进行了考察。虽然历次工业革命均通过该理论框架得到了基本的呈现，但是由于工业革命所囊括的范围较广、领域众多，不仅包括能源技术、动力技术、机器制造技术，还包括基本投入、生产组织、基础设施等领域，在进行历史呈现时，仅对主要部分进行了描述分析与统计资料的分析，但是其相互作用、协同演化的动态过程体现不够，且对数据资料的搜集、统计分析仍然不够深入。如虽然分析了历次工业革命的核心投入，但是对要素结构的演化缺乏相应的分析等。因此，今后，基于技术—经济范式的分析框架，对每一次工业革命的发生进行细致、深入的分析也是今后研究要做的重要工作。

第三，针对第 3 章提出的理论框架，本书在第 5 章对新旧动能转换的机理从主导技术、核心投入、生产组织、基础设施等方面进行了分析、预测。尽管本书通过大量有关文献资料进行了总结、分析，但是由于新一代信息通信技术引领的变革涉及众多领域的前沿技术，作为非专业技术领域的人员，在对各种技术的把握、判断中无法达到专业技术人员、专家的水平。因此，通过阅读、学习更多技术创新、经济动能转换的资料以更好地把握未来工业革命及新旧动能转换路径也是今后对该问题深入研究的一个重要途径。

第四，需要指出的是，经济动能不仅来自供给侧——生产，同时也来自需求侧——消费、投资等，本书基于技术—经济范式的研究主要是从供给侧生产角度，因此没有过多从需求尤其是居民消费角度进行研究。这也是本书的不足及今后研究需要着重探索的方向。

参考文献

［1］阿尔文·托夫勒．第三次浪潮［M］．朱志焱，潘琪，张焱，译．北京：新华出版社，1996.

［2］阿尔弗雷德·D. 钱德勒，等．透视动态企业：技术，战略，组织和区域的作用［M］．吴晓波，耿帅，译．北京：机械工业出版社，2005.

［3］艾伯特·赫希曼．经济发展战略［M］．曹征海，潘照东，译．北京：经济科学出版社，1991.

［4］埃里克·布莱，约弗森，安德鲁·麦卡菲．第二次机器革命［M］．蒋永军，译．北京：中信出版社，2014.

［5］安德烈·皮亚蒂埃．创新，信息与长期成长：现代外国经济学论文选（第十辑）［C］．北京：商务印书馆，1986.

［6］安格斯·麦迪森．世界经济千年史［M］．伍晓鹰，许宪春，叶燕斐，等，译．北京：北京大学出版社，2003.

［7］本·斯泰尔，戴维·维克托，理查德·内尔森．技术创新与经济绩效［M］．浦东新区科学技术局，浦东产业经济研究院，组织编译．上海：上海人民出版社，2006.

［8］保尔·芒图．十八世纪产业革命：英国近代大工业初期的概况［M］．杨人梗，陈希秦，吴绪，译．北京：商务印书馆，1983.

［9］贝塔朗菲．一般系统论：基础，发展和应用［M］．林康义，魏宏森，

等，译．北京：清华大学出版社，1987．

　　［10］彼得·马赛厄斯，M.M. 波斯坦．剑桥欧洲经济史（第七卷上册）［M］．徐强，李军，马宏生，译．北京：经济科学出版社，2004．

　　［11］毕志恒．第四次工业革命在日本［J］．现代日本经济，1984（2）：11-16．

　　［12］北京电信技术发展产业协会（TD 产业联盟）．5G 产业和市场发展报告［R］．2022．

　　［13］查尔斯·辛格，E.J. 霍姆亚德，A.R. 霍尔，等．技术史（第Ⅳ卷工业革命）［M］．辛元欧，主译．上海：上海科技教育出版社，2004．

　　［14］查汝强．试论产业革命［J］．中国社会科学，1984（6）：3-16．

　　［15］柴士改，李金昌．中国经济发展新旧动能转换的检测研究［J］．财经论丛，2020（12）：13-22．

　　［16］陈筠泉，殷登祥．科技革命与当代社会［M］．北京：人民出版社，2001．

　　［17］程广中．德国工业革命的前提和特点［J］．求是学刊，1985（2）：83-89．

　　［18］德国联邦教育研究部，工业 4.0 工作组．实施"工业 4.0"攻略的建议［R］．中国工程院咨询服务中心，译．2013．

　　［19］道格拉斯·C. 诺斯．制度，制度变迁与经济绩效［M］．刘守英，译．上海：上海三联书店，1994．

　　［20］道格拉斯·C. 诺斯．经济史中的结构与变迁［M］．陈郁，罗华平，等，译．上海：上海人民出版社，1994．

　　［21］道格拉斯·诺斯，罗伯特·托马斯．西方世界的兴起［M］．厉以平，蔡磊，译．北京：华夏出版社，1989．

　　［22］邓龙安．高技术产业范式演进下企业边界变动研究：一个探索路径［J］．科技管理研究，2009（8）：329-332．

　　［23］丁文珺，伍玥．湖北省加快新旧动能转换的路径研究［J］．湖北社会

科学，2019（1）：56-67.

　　［24］恩格斯．英国工人阶级状况［M］．中共中央马克思恩格斯列宁斯大林著作编译局，译．北京：人民出版社，1956.

　　［25］冯飞．第三次工业革命是生产和生活方式的重大变革［J］．中国党政干部论坛，2013（10）：11-14.

　　［26］傅春，赵晓霞．双循环发展战略促进新旧动能转换路径研究——对十九届五中全会构建新发展格局的解读［J］．理论探讨，2021（1）：82-87.

　　［27］G・多西，C・弗里曼，R・纳尔逊，等．技术进步与经济理论［M］．钟学义，沈利生，陈平，等，译．北京：经济科学出版社，1992.

　　［28］高德步．公司制度与工业革命和市场经济［J］．读书，2011（2）：18-22.

　　［29］高世楫．技术和组织创新与新经济：从经济增长方式和技术—经济范式看新经济［J］．世界经济与政治，2001（3）：44-49.

　　［30］辜胜阻，曹冬梅．"双创"培育新动能实现经济转型的战略思考［J］．软科学，2017（12）：1-4.

　　［31］官建文．中国移动互联网发展报告（2016）［M］．北京：社会科学文献出版社，2016.

　　［32］郭晓科．大数据［M］．北京：清华大学出版社，2013.

　　［33］郭吉涛，梁爽．共享经济如何作用于新旧动能转换：驱动机制和影响机理［J］．深圳大学学报，2020（6）：72-82.

　　［34］国家石油和化工网．2016 年全球石油产量保持 39 亿吨［EB/OL］．（2017-1-16）［2017-3-15］．http：//www.cpcia.org.cn/html/16/20171/160234.html.

　　［35］工业互联网产业联盟（AII）．工业互联网体系架构［R］．2016.

　　［36］工业互联网产业联盟（AII）．工业互联网体系架构（版本 2.0）［R］．2020.

　　［37］哈巴库克，波斯坦．剑桥欧洲经济史（第六卷）——工业革命及其以后的经济发展：收入，人口及技术变迁［M］．王春法，张伟，赵海波，译．北

京：经济科学出版社，2002.

[38] 韩毅，张兵．美国赶超经济史 ［M］．北京：经济科学出版社，2006.

[39] 何菲，王京安．演化经济学视角下的技术范式转换预见探讨 ［J］．科技管理研究，2016（16）：108-113.

[40] 贺俊，姚祎，陈小宁．"第三次工业革命"的技术经济特征及其政策含义 ［J］．中州学刊，2015（9）：30-35.

[41] 赫尔曼·哈肯．信息与自组织 ［M］．郭治安，译．成都：四川教育出版社，2010.

[42] 赫尔曼·哈肯．协同学——大自然构成的奥秘 ［M］．凌复华，译．上海：上海译文出版社，2001.

[43] 胡家勇．论经济新常态下增长新动力的培育 ［J］．中州学刊，2016（5）：26-31.

[44] 黄群慧，贺俊．"第三次工业革命"与中国经济发展战略调整——技术—经济范式转变的视角 ［J］．中国工业经济，2013（1）：5-18.

[45] 黄少安．制度经济学 ［M］．北京：高等教育出版社，2008.

[46] 黄少安．新旧动能转换与山东经济发展 ［J］．山东社会科学，2017（9）：101-108.

[47] 黄阳华．工业革命中生产组织方式变革的历史考察与展望 ［J］．中国人民大学学报，2016（3）：66-77.

[48] 黄汉权．推进产业新旧动能转换的成效、问题与对策 ［J］．经济纵横，2018（8）：32-40.

[49] 贾康．经济发展动力体系认知与财政支持新动能的思路和要领 ［J］．地方财政研究，2019（9）：4-12.

[50] 贾根良．理解演化经济学 ［J］．中国社会科学，2004（2）：33-41.

[51] 贾根良．第三次工业革命与新型工业化道路的新思维——来自演化经济学和经济史的视角 ［J］．中国人民大学学报，2013a（2）：43-52.

[52] 贾根良．迎接第三次工业革命的关键在于发展模式的革命——我国光

伏产业和机器人产业的案例研究与反思［J］．经济理论与经济管理，2013b
（5）：13-22.

［53］贾根良．第三次工业革命：来自世界经济史的长期透视［J］．学习与
探索，2014（9）：97-104.

［54］贾根良．第三次工业革命与工业智能化［J］．中国社会科学，2016
（5）：87-106.

［55］姜长云，张于喆，洪群联，胡文锦．产业形势和培育产业发展新动能研
究——对浙江省宁波市的调查与思考［J］．社会科学战线，2017（2）：41-47.

［56］姜江．加快建设创新型国家：机理、思路、对策——基于新经济、新
动能培育的视角［J］．宏观经济研究，2018（11）：54-63.

［57］焦勇，公雪梅．技术范式变迁视角下制造业新旧动能转换研究［J］．
云南社会科学，2019（5）：135-141.

［58］杰里米·里夫金．第三次工业革命——新经济模式如何改变世界
［M］．张体伟，孙豫宁，译．北京：中信出版社，2012.

［59］经合组织发展中心．世界变革中的产业政策［M］．徐清军，等，译．
上海：上海人民出版社，2015.

［60］吉奥瓦尼·波西．技术范例与技术轨道——技术变化的决定因素和方
向与经济的转变［C］．胡和立，译．北京：商务印书馆，1986.

［61］杰弗里·M. 霍奇逊．演化与制度：论演化经济学和经济学的演化
［M］．任荣华，张林，洪福海，等，译．北京：中国人民大学出版社，2007.

［62］卡洛·M. 奇波拉．欧洲经济史（第三卷）：工业革命［M］．吴良健，
刘漠云，壬林，何亦文，译．北京：商务印书馆，1989.

［63］卡洛·M. 奇波拉．欧洲经济史（第四卷上册，工业社会的兴起）
［M］．王铁生，王禹，袁广伟，等，译．北京：商务印书馆，1989.

［64］卡萝塔·佩蕾丝．工业革命与金融资本——泡沫与黄金时代的动力学
［M］．田方萌，胡叶青，刘然，等，译．北京：中国人民大学出版社，2007.

［65］凯瑟琳·西伦．制度是如何演化的——德国，英国，美国和日本的技

能政治经济学［M］. 王星，译. 上海：上海人民出版社，2010.

［66］克劳斯·施瓦布. 第四次工业革命［M］. 李菁，译. 北京：中信出版社，2016.

［67］克里斯托弗·弗里曼，罗克·苏特. 工业创新经济学［M］. 华宏勋，华宏慈，等，译. 北京：北京大学出版社，2004.

［68］克里斯·弗里曼，弗朗西斯科·卢桑. 光阴似箭——从工业革命到信息革命［M］. 沈宏亮，主译. 北京：中国人民大学出版社，2007.

［69］克里斯托夫·弗里曼. 技术政策与经济绩效：日本国家创新系统的经验［M］. 张宇轩，译. 南京：东南大学出版社，2008.

［70］寇宗来，石磊. 理解产业革命发生在英国而非中国的关键——李约瑟之谜的专利制度假说［J］. 国际经济评论，2009（2）：44-48.

［71］厉以宁. 工业化和制度调整——西欧经济史研究［M］. 北京：商务印书馆，2010.

［72］李国祥. 论中国农业发展动能转换［J］. 中国农村经济，2017（7）：2-14.

［73］李平，王春晖，于国才. 基础设施与经济发展的文献综述［J］. 世界经济，2011（5）：93-116.

［74］李文军. 以深化改革为动力推进新经济发展［J］. 经济纵横，2017（6）：38-45.

［75］李平，付一夫，张艳芳. 生产性服务业能成为中国经济高质量增长新动能吗［J］. 中国工业经济，2017（12）：5-21.

［76］李北伟，毕菲. 劳动力数量、人力资本与经济增长动力机制研究［J］. 社会科学战线，2018（1）：246-250.

［77］李晓华. 数字经济新特征与数字经济新动能的形成机制［J］. 改革，2019（11）：40-51.

［78］理查德·R. 纳尔逊，悉尼·G. 温特. 经济变迁的演化理论［M］. 胡世凯，译. 北京：商务印书馆，1997.

［79］梁謇．全面深化经济结构调整加快培育经济发展的新动能［J］．学术交流，2017（6）：153-155.

［80］林举岱．英国工业革命史［M］．上海：上海人民出版社，1979.

［81］林毅夫．发展战略，自生能力和经济收敛［J］．经济学（季刊），2002（1）：269-300.

［82］林志坤．无线通信技术的分类及发展［J］．通讯世界，2017（3）：59-60.

［83］刘霞辉．从马尔萨斯到索洛：工业革命理论综述［J］．经济研究，2006（10）：108-119.

［84］刘笑盈，齐世荣．推动历史进程的工业革命［M］．北京：中国青年出版社，1999.

［85］刘伦武．基础设施投资对经济增长的推动作用研究［M］．北京：中国财政经济出版社，2004.

［86］刘昌年，梅强．基于技术—经济范式的新型工业化本质及特征研究［J］．预测，2008（6）：1-5.

［87］刘辉锋．长周期变动中的工业革命与产业演进——基于历史与统计的分析［J］．中国科技论坛，2009（4）：8-13.

［88］刘秋吟，张雷，徐福缘．技术系统多层级共同演化的动力机制［J］．科学学与科学技术管理，2010（9）：9-15.

［89］刘凤良，章潇萌．中国经济增长进程中的动能切换与结构转型［J］．中国人民大学学报，2016（5）：2-11.

［90］刘刚，崔鹏．经济发展新动能与农村继续工业化——基于山东省庆云县农村工业化发展的调查［J］．南开学报（哲学社会科学版），2017（2）：131-140.

［91］刘世锦．中国经济增长的平台、周期与新动能［J］．新金融，2018（4）：4-9.

［92］刘戈非，任保平．地方经济高质量发展新动能培育的路径选择［J］．

财经科学，2020（5）：52-64.

［93］柳卸林.技术创新经济学［M］.北京：中国经济出版社，1993.

［94］鲁若愚，银路.企业技术管理［M］.北京：高等教育出版社，2006.

［95］罗斯托.从起飞进入持续增长的经济学［M］.贺力平，等，译.成都：四川人民出版社，1988.

［96］罗斯托.经济增长的阶段：非共产党宣言［M］.郭熙保，王松茂，译.北京：中国社会科学出版社，2001.

［97］罗素，诺维格.人工智能——一种现代方法［M］.姜哲，金奕江，张敏，等，译.北京：人民邮电出版社，2010.

［98］罗仲伟，卢彬彬.技术范式变革环境下组织的战略适应性［J］.经济管理，2011（12）：33-42.

［99］马克思，恩格斯.马克思恩格斯全集（第二十三卷）［M］.中共中央马克思恩格斯列宁斯大林著作编译局，译.北京：人民出版社，1972.

［100］马克思.资本论（政治经济学批判）（第一卷）［M］.中共中央马克思恩格斯列宁斯大林著作编译局，译.北京：人民出版社，1963.

［101］马克思·韦伯.经济通史［M］.姚曾廙，译.上海：上海三联书店，2006.

［102］马骏.包税制的兴起与衰落：交易费用与征税合同的选择［J］.经济研究，2003（6）：72-95.

［103］马晓河.中国经济新旧增长动力的转换［J］.前线，2017（4）：30-36.

［104］宁朝山.工业革命演进与新旧动能转换——基于历史与逻辑视角的分析［J］.宏观经济管理，2019（11）：18-27.

［105］裴长洪，倪江飞.习近平新旧动能转换重要论述的若干经济学分析［J］.经济学动态，2020（5）：3-14.

［106］乔纳森·休斯，路易斯·P.凯恩.美国经济史（第7版）［M］.邱晓燕，邢露，等，译.北京：北京大学出版社，2011.

[107] 秦昌才.新旧动能转换中金融体系支撑的内涵及其作用 [J].甘肃社会科学,2019（1）：159-165.

[108] 裘元伦.欧洲的经济改革 [M].北京：中国社会科学出版社,2013.

[109] 任佩瑜,张莉,宋勇.基于复杂性科学的管理熵、管理耗散结构理论及其在企业组织与决策中的作用 [J].管理世界,2001（6）：142-147.

[110] 任保平,苗新宇."十四五"时期我国经济高质量发展新动能的培育 [J].经济问题,2021（2）：1-11.

[111] 日本国家机器人革命推进小组.日本机器人新战略：愿景与战略 [R].王喜文,译.2015.1.

[112] 世界银行.1994年世界发展报告：为发展提供基础设施 [M].毛晓威,等,译.北京：中国财政经济出版社,1994.

[113] 斯蒂芬·布劳德伯利,凯文·H.奥罗克.剑桥现代欧洲经济史：1700-1870 [M].何富彩,钟红英,译.北京：中国人民大学出版社,2015.

[114] 盛朝迅."十四五"时期推进新旧动能转换的思路与策略 [J].改革,2020（2）：5-19.

[115] 孙彦明.促进创新成果转化应用,加快山东新旧动能转换 [J].宏观经济管理,2018（2）：61-65.

[116] 赛迪智库无线电管理研究所.6G全球进展与发展展望白皮书 [R].2021.

[117] 滕泰,范必,等.供给侧改革 [M].北京：东方出版社,2016.

[118] 田军华.基础设施对技术进步的影响效应研究 [D].成都：四川大学,2012.

[119] 托马斯·库恩.科学革命的结构 [M].金吾伦,胡新和,译.北京：北京大学出版社,2003.

[120] 托马斯·库恩,麦格劳.现代资本主义——三次工业革命中的成功者 [M].南京：江苏人民出版社,1999.

［121］通用电气公司．工业互联网：打破智慧与机器的边界［M］．北京：机械工业出版社，2015.

［122］王春法．新经济：一种新的技术—经济范式？［J］．世界经济与政治，2001（3）：36-43.

［123］王章辉，孙娴．工业社会的勃兴：欧美五国工业革命比较研究［M］．北京：人民出版社，1995.

［124］王敏，银路．技术演化的集成研究及新兴技术演化［J］．科学学研究，2008（3）：466-470.

［125］王伟军．"新产业革命"与日本经济的七大转变［J］．世界经济研究，1984（2）：24-29.

［126］王沛霖．2017：人工智能大爆发［J］．机器人产业，2017（1）：1.

［127］王喜文．智能制造：新一轮工业革命的主攻方向［J］．人民论坛·学术前沿，2015（19）：68-80.

［128］王小广．新旧动能转换：挑战与应对［J］．人民论坛，2015（12）：16-18.

［129］王小洁，刘鹏程，许清清．构建创新生态系统推进新旧动能转换：动力机制与实现路径［J］．宏观经济管理，2019（11）：12-18.

［130］乌尔里希·森德勒．工业4.0：即将来袭的第四次工业革命［M］．邓敏，李现民，译．北京：机械工业出版社，2014.

［131］吴晓波，苗文斌，郭雯．应对技术范式转变挑战：知识管理动态模型［J］．科学学研究，2006（5）：727-733.

［132］魏宏森，曾国屏．试论系统的整体性原理［J］．清华大学学报（哲学社会科学版），1994（3）：57-62.

［133］夏小林．日本产业组织构造：企业下承包制［J］．改革，1988（1）：183-186.

［134］许轶旻．信息技术范式的阶段性：理论与实证［J］．情报科学，2013（10）：113-118.

［135］徐玮．略论美国第二次工业革命［J］．世界历史，1989（6）：20-29．

［136］徐建伟．中部地区产业转型升级和新旧动能转换研究［J］．宏观经济管理，2018（3）：67-71．

［137］鄢显俊．从技术—经济范式到信息技术范式［J］．数量经济技术经济研究，2004（12）：139-146．

［138］姚云．美国高等教育立法研究［D］．上海：华东师范大学，2003．

［139］杨宏玲．日本"科技立国"战略的特点及对我国的启示［J］．日本问题研究，1999（3）：21-25．

［140］杨发明，吴光汉．绿色技术创新研究述评［J］．科研管理，1998（4）：20-26．

［141］杨虎涛．演化经济学讲义——方法论与思想史［M］．北京：科学出版社，2011．

［142］杨虎涛，徐慧敏．第三次工业革命有何不同？［J］．学习与探索，2012（11）：74-78．

［143］杨风禄．让经济学回归真实世界［M］．北京：北京大学出版社，2016．

［144］杨蕙馨，焦勇．新旧动能转换的理论探索与实践研判［J］．经济与管理研究，2018（7）：16-28．

［145］杨·卢滕·范赞登．通往工业革命的漫长道路［M］．杭州：浙江大学出版社，2016．

［146］尹朝安．现代化赶超中的制度创新：历史考察与理论分析［D］．北京：中国社会科学院，2002．

［147］余来文，封智勇，林晓伟，编著．互联网思维：云计算、物联网、大数据［M］．北京：经济管理出版社，2014．

［148］余东华．以"创"促"转"：新常态下如何推动新旧动能转换［J］．天津社会科学，2018（1）：105-111．

［149］袁志刚．经济增长动能转换与金融风险处置［J］．经济学动态，2017（11）：4-15.

［150］亚历山大·格申克龙．经济落后的历史透视［M］．张凤林，译．北京：商务印书馆，2009.

［151］约瑟夫·熊彼特．经济发展理论［M］．何畏，易家详，等，译．北京：商务印书馆，1990.

［152］约翰·伊特韦尔，默里·米尔盖特，彼得·纽曼．新帕尔格雷夫经济学大辞典（第二卷：E-J）［M］．北京：经济科学出版社，1992.

［153］詹·法格博格，戴维·莫利，理查德·纳尔逊．牛津创新手册［M］．柳卸林，郑刚，蔺雷，等，译．北京：知识产权出版社，2009.

［154］张培刚．农业国工业化问题［M］．长沙：湖南出版社，1991.

［155］张培刚．农业与工业化：农业国工业化问题再论［M］．武汉：华中科技大学出版社，2002.

［156］张文，张念明．供给侧结构性改革导向下我国新旧动能转换的路径选择［J］．东岳论丛，2017（12）：93-101.

［157］张永恒，郝寿义．新常态下的要素禀赋变化与区域经济增长动力转换［J］．江海学刊，2017（4）：60-66.

［158］张立新，王菲，王雅萍．山东省新旧动能转换的突破点及路径［J］．经济与管理评论，2018（9）：27-41.

［159］张于喆，周振．习近平关于军民融合发展的战略思想研究［J］．经济社会体制比较，2019（7）：9-16.

［160］张杰．中国经济新旧动能转换中的新问题和新对策［J］．河北学刊，2019（9）：159-169.

［161］赵红．17-18世纪英国国债制度述评［J］．社会科学辑刊，2006（3）：177-183.

［162］赵昌文，许召元，朱鸿鸣．工业化后期的中国经济增长新动力［J］．中国工业经济，2015（6）：44-54.

[163] 赵丽娜. 产业转型升级与新旧动能转换有序转换研究——以山东省为例 [J]. 理论学刊, 2017 (2)：68-74.

[164] 郑世林, 周黎安, 何维达. 电信基础设施与中国经济增长 [J]. 经济研究, 2014 (5)：77-90.

[165] 郑江淮, 宋建, 张玉昌, 郑玉, 姜青克. 中国经济增长新旧动能转换的进展评估 [J]. 中国工业经济, 2018 (6)：24-42.

[166] 中国社会科学院工业经济研究所课题组. 第三次工业革命与中国制造业的应对战略 [J]. 学习与探索, 2012 (9)：93-98.

[167] 中国新材料产业技术创新战略联盟秘书处. 全球新材料未来发展重点分析 [J]. 中国科技产业, 2015 (8)：42-44.

[168] 中国人民大学宏观经济分析与预测课题组. 全球技术进步放缓下中国经济新动能的构建 [J]. 经济理论与经济管理, 2016 (12)：5-20.

[169] 中国电子信息产业发展研究院, 无线电管理研究所. 5G 发展 2021 展望白皮书 [R]. 2022.

[170] 中德智能制造合作企业对话工作组（AGU）工业互联网专家组. 工业 4.0 工业互联网：实践与启示 [R]. 2020.8.

[171] 中国信息通信研究院. 工业互联网产业经济发展报告（2020 年）[R]. 2020.

[172] 中国信息通信研究院. 中国数字经济发展白皮书（2020 年）[R]. 2020.

[173] 周叔莲, 吕铁, 贺俊. 新时期我国高增长行业的产业政策分析 [J]. 中国工业经济, 2008 (9)：46-57.

[174] 周绍东. 战略性新兴产业创新系统研究述评 [J]. 科学管理研究, 2012 (8)：40-43.

[175] 周洪宇, 徐莉. 第三次工业革命与当代中国 [M]. 武汉：湖北教育出版社, 2013.

[176] 朱巍, 陈慧慧, 田思媛, 等. 人工智能：从科学梦到新蓝海——人工

智能产业发展分析及对策［J］．科技进步与对策，2016（21）：66-70.

［177］朱仲英．传感网与物联网的进展与趋势［J］．微型电脑应用，2010（1）：1-4.

［178］A Third Industrial Revolution［J］．The Economist，2012（4）：21.

［179］Acemoglu D，Johnson S，Robinson J A. Reversal of Fortune：Geography and Institutions in the Making of the Modern World Income Distribution［J］．The Quarterly Journal of Economics，2002，117（4）：1231-1294.

［180］Acemoglu D，Johnson S，Robinson J A. The Colonial Origins of Comparative Development：An Empirical Investigation［J］．The American Economic Review，2012，102（6）：3059-3076.

［181］Adomavicius G，Bockstedt J C，Gupta A，et al. Technology Roles and Paths of Influence in an Ecosystem Model of Technology Evolution［J］．Information Technology and Management，2007，8（2）：185-202.

［182］Allen R C. The British Industrial Revolution in Global Perspective［M］．Cambridge：Cambridge University Press，2009.

［183］Ander P. Innovation，Information and Long-term Growth［J］．Futures，1981，13（5）：371-382.

［184］Annunziata M，Evans P C. Industrial Internet：Pushing the Boundaries of Minds and Machines［J］．General Electric，2012，1（2）：1-23.

［185］Aubrey Silberston et al. Technology and Economic Progress［M］．Basingstoke：Macmillan Publisher Ltd，1989.

［186］Brynjolfsson E，Hitt L M，Kim H H. Strength in Numbers：How Does Data-driven Decisionmaking Affect Firm Performance？［R/OL］．2011.［2017-3-23］．http：//www.a51.nl/storage/pdf/ SSRN_ id1819486.pdf.

［187］Carlota Perez. Structural Change and Assimilation of New Technologies in the Economic and Social Systems［J］．Futures，1983，15（5）：357-375.

［188］Carl S，Hal R V. Information Rules：A Strategic Guide to the Network Economy [M] . Boston: Harvard Business School Press, 1999.

[189] Citisa. orghttp: //www. citisa. org/gongzuotansuo/lianmengzhanshi/149. html.

[190] De Vries J. The Industrial Revolution and the Industrious Revolution [J] . The Journal of Economic History, 1994, 54 (2): 249-270.

[191] Dosi G. Technological Paradigms and Technological Trajectories : A Suggested Interpretation of the Determinants and Directions of Technical Change [J] . Research Policy, 1993, 11 (3): 147-162.

[192] Frank L, Richard J M. The New Division of Labor: How Computers Are Creating the Next Job Market [M] . Princeton: Princeton University Press, 2004.

[193] Freeman C. Schumpeter's "Business Cycles" Revisited [J] . European Journal of Economic and Social Systems, 2015, 27 (1): 47-67.

[194] Gary S, Becker K, Robert T. Human Capital, Fertility and Economic Growth [J] . Journal of Political Economy, 1990, 98 (5): s12-s37.

[195] Geels Frank W. Technological Transitions as Evolutionary Reconfiguration Processes: A Multi-level Perspective and A Case-study [J] . Research Policy, 2002 (31): 1257-1274.

[196] http: //www. gov. cn/zhengce/content/2017-01/20/content_ 5161614. htm.

[197] Hall Robert E, Jones Charles I. Why do Some Countries Produce so Much More Output Per Worker Than Others? [J] . Quarterly Journal of Economics, 1999 (1): 83-116.

[198] Helpman E. General Purpose Technologies and Economic Growth [M] . Cambridge: MIT press, 1998.

[199] James Manyika, et al. Open Date: Unlocking Innovation and Performance with Liquid Information [R/OL] . [2017-3-24] . http: //files. meetup. com/11057822/ McKinsey_Global_Inst_Open_data_FullReport_Oct2013. pdf.

[200] Kuznets S, Murphy J T. Modern Economic Growth: Rate, Structure and Spread [M] . New Haven: Yale University Press, 1966.

［201］Kuznets S. Modern Economic Growth: Findings and Reflections ［J］. The American Economic Review, 1973, 63（3）: 247-259.

［202］Kuznets S. Driving Forces of Economic Growth: What Can We Learn from History ［J］. Review of World Economics, 1980, 116（3）: 409-431.

［203］Lucas R E. The Industrial Revolution: Past and Future ［J］. Annual Report, 2004（54）: 5-20.

［204］Lucas R E. On the Mechanics of Economic Development ［J］. Journal of Monetary Economics, 1988, 22（1）: 3-42.

［205］Macleod C. Inventing the Industrial Revolution ［M］. Cambridge: Cambridge University Press, 1988.

［206］Manyika J, Chui M, Groves P, et al. Open Data: Unlocking Innovation and Performance with Liquid Information ［R］. McKinsey Global Institute, 2013.

［207］Mathias P. The First Industrial Nation: The Economic History of Britain, 1700-1914 ［M］. London: Psychology Press, 2001.

［208］Malerba F, Orsenigo L. Technological Regimes and Sectoral Patterns of Innovative Activities ［J］. Industrial and Corporate Change, 1997, 6（1）: 83-118.

［209］Mckinsey Global Institute. Big Data: The Next Frontier for Innovation, Copetition and Productivity ［R］. 2011.

［210］Michael C Jensen. The Modern Industrial Revolution, Exit, and the Failure of Internal Control Systems ［J］. The Journal of Finance, 1993（3）: 831-880.

［211］Mokyr J. The Industrial Revolution in the Low Countries in the First Half of the Nineteenth Century: A Comparative Case Study ［J］. The Journal of Economic History, 1974, 34（2）: 365-391.

［212］Mokyr J. The Industrial Revolution and the Economic History of Technology: Lessons from the British Experience, 1760-1850 ［J］. The Quarterly Review of Economics and Finance, 2001, 41（3）: 295-311.

［213］Nelson R R, Winter S G. Insearch of Useful Theory of Innovation ［J］.

Research Policy, 1977, 6 (1): 36-76.

[214] Nelson R R. Why do Firms Differ, and How Does it Matter? [J]. Strategic Management Journal, 1991, 12 (S2): 61-74.

[215] Nelson R R, Winter S G. An Evolutionary Theory of Economic Change [M]. Boston: Harvard University Press, 2009.

[216] Perez C. Structural Change and Assimilation of New Technologies in the Economic and Social Systems [J]. Futures, 1983, 15 (5): 357-375.

[217] Perkins D H. Government as an Obstacle to Industrialization: The Case of Nineteenth-century China [J]. The Journal of Economic History, 1967, 27 (4): 478-492.

[218] Rostow W W. The Take-off into Self-sustained Growth [J]. Economic Journal, 1956, 66 (261): 25-48.

[219] Rostow W W. How it All Began: Origins of the Modern Economy [M]. New York: Mcgraw-Hill Book Company, 1975.

[220] Stokey N. A Quantitative Model of the British Industrial Revolution, 1780-1850 [J]. Public Policy, 2001, 55 (1): 55-109.

[221] Schwab K. Big Data, Big Impact: New Possibilities for International Development [R]. The World Economic Forum, 2012.

[222] Shapiro C, Varian H R. Information Rules: A Strategic Guide to the Network Economy [M]. Boston: Harvard Business Press, 2013.

[223] Tylecote A. The Long Wave in the World Economy: The Present Crisis in Historical Perspective [M]. London: Routledge&Kegan Paul, 1992.

[224] Von Tunzelmann G N. Steam Power and British Industrialisation to 1860 [M]. Oxford: Oxford University Press, 1978.